张广玲　　　1962年出生，管理学博士；现为武汉大学经济与管理学院市场营销与旅游系副教授，硕士研究生导师，中国高等教育市场营销学会理事，湖北省市场营销学会常务理事，湖北省价格学会常务理事。主要从事市场营销战略、顾客行为、分销渠道管理的教学与研究工作。

　　主要著作是《分销渠道管理》、《销售管理》等四部，在《经济管理》、《江汉论坛》、《中国工商管理研究》、《科技进步与对策》、《武汉大学学报（哲社版）》等杂志上发表《关系结合方式及关系品质对顾客自发行为的影响》、《顾客感知的服务员工权力对顾客参与的影响》、《基于文化的日美企业国际竞争力比较》、《自主品牌创新的若干思考》等论文20多篇；1997年获国家优秀教学成果二等奖、湖北省优秀教学成果 一等奖；主持湖北省软科学项目一项；参加多项国家自然科学基金项目和横向研究项目。

武汉大学学术丛书

Academic Library

Wuhan University

关系结合方式与中间商自发行为的关系研究

张广玲 著

武汉大学出版社

WUHAN UNIVERSITY PRESS

图书在版编目(CIP)数据

关系结合方式与中间商自发行为的关系研究/张广玲著. —武汉:武汉大学出版社,2006.12
武汉大学学术丛书
ISBN 7-307-05355-1

Ⅰ.关… Ⅱ.张… Ⅲ.企业管理:销售管理 Ⅳ.F274

中国版本图书馆 CIP 数据核字(2006)第 141696 号

责任编辑:柴 艺 责任校对:黄添生 版式设计:支 笛

出版发行:**武汉大学出版社** (430072 武昌 珞珈山)
(电子邮件:wdp4@whu.edu.cn 网址:www.wdp.com.cn)
印刷:武汉中远印务有限公司
开本:720×980 1/16 印张:13.625 字数:191 千字 插页:3
版次:2006 年 12 月第 1 版 2006 年 12 月第 1 次印刷
ISBN 7-307-05355-1/F·1022 定价:23.00 元

前　言

中间商的行为与企业的生存和发展密切相关。科特勒、斯特恩和艾尔-安塞利认为，中间商能使商品和服务流通顺畅，从而把生产者供给与消费者需求之间的差距弥合起来。从经济学的角度分析，中间商的存在符合经济性原则和专业化分工原则，中间商凭借自己的各种公共关系、经验、专业知识以及活动规模，具有客户和渠道优势。在销售过程中，中间商的介入可以有效地减少流通中的谈判成本，降低产品的分销成本，促进销售，增强竞争能力。因此，在市场经济中，中间商作为生产与消费之间的一个特殊环节，在企业的发展过程中有着独特的经济价值以及难以替代的市场作用和地位。

制造商和中间商在买卖商品的活动中受利益、经营目标等因素的驱动，经常会产生各种各样的矛盾和冲突，从而影响企业的生产和经营活动，而且在渠道权力的变革中，中间商的权力越来越大，导致制造商对中间商的依赖性越来越强，所以如何保持与中间商良好的合作关系是当今企业必须思考的问题，也是理论界应该探讨的问题。

随着关系营销理论的提出，人们对渠道成员关系的研究已从交易营销视角转移到了关系营销视角，比如通过建立与中间商的长期合作关系来探讨中间商的行为方式等。本书以关系营销理论为出发点，在前人研究的基础上，以关系结合方式为前置影响因素，以关系品质为中介变量，来研究中间商的各种自发行为，并探讨三者之间的内在逻辑关系。

本书共分为三个部分：绪论部分、主体部分、结论和建议部分。

绪论部分由第一、二章组成。该部分主要从现实背景和理论背景出发，结合相关基础理论，阐述本研究的意义、目的和对象，并对全书的研究框架和思路进行了总体介绍。同时，该部分还对顾客和中间商进行了区分，指出了中间商与顾客的区别和联系，并强调以中间商为研究对象的意义和价值。

主体部分由第三、四、五章组成。第三章对本研究涉及的关系结合方式、关系品质、中间商自发行为等相关概念进行了界定，并进一步澄清了它们之间的内在逻辑关系。本章分为四节，第一节从关系保持方法入手，对关系结合方式的两分法、三分法和多分法等分类方法进行了分析和评述。在文献回顾的基础上，指出 Berry 和 Parsuraman（1991）和 Berry（1995）所提出的三种结合方式即财务性结合、社会性结合、结构性结合较好地概括了关系的各种结合方式，因此本研究以这三种结合方式作为前置影响因素。第二节首先界定了关系品质的概念，提出本研究中的关系品质作为感知总质量的一部分，是关系主体根据一定的标准对关系满足各自需求程度的共同认知评价，其实质是指能够增加企业提供物价值、加强关系双方的信任与承诺、维持长久关系的一组无形利益。接着，本研究对关系品质的构面进行了系统的梳理，认为满意、信任、承诺较好地概括了关系品质的内容，因此本研究将其作为关系品质的构面。第三节先将服务业的顾客自发行为概念移植到中间商自发行为概念中，然后确定了中间商自发行为的四个维度：忠诚、参与、合作和共生。第四节阐述了关系结合方式、关系品质与顾客自发行为的内在关系。

　　第四章是研究设计，共分五节。第一节建立了本研究的架构，并推演出了本研究的假设。第二节在前人研究的基础上，系统阐述了本研究测量项目的来源。第三节对形成的量表进行了前测和筛选，使问卷的测量项目得到净化。经过前测后，删除了影响量表信度与效度的测项。第四节是问卷设计，主要是介绍研究对象和抽样设计。第五节说明本研究使用的数据分析方法。

　　第五章为数据分析与研究结果。第一节对样本特征进行了分析，发现供应商更加看重财务性结合方式，而对结构性结合方式则相对应用不够；工业品供应商比消费品供应商更加注重与中间商加强联系，反过来，经营工业品的中间商较经营消费品的中间商更加满意信任供应商，也愿意提供较大的承诺。第二节通过对正式问卷的信度与效度进行验证，发现问卷的质量良好，可以作为进一步分析的依据。第三节借助结构方程分析技术，对本研究模型中的变量关系进行了考证，并检验了本研究提出的假设。实证研究结果表明，对本研究模型进行修正后，拟合效果良好，大部分假设得到了支持。

　　结论和建议部分由第六章组成。本章主要从研究结论与启示、营销建议以及研究的创新、局限性和未来研究方向三个方面进行总结与展望。研究结论表明，三种结合方式对关系品质以及中间商自发行为的影响并不完全一样。

　　本研究的创新点主要有三个：

　　第一，整体研究模型的提出。从文献回顾看，以往有些研究已经探讨过关系品质与顾客自发行为间的关系，但是对于从关系结合方式、关系品质到顾客自发行为间的作用路径却少有人研究，更没有直接针对中间商这个对象的研究。本研究对关系结合方式、关系品质、中间商自发行为等相关内容进行了整合，构建了一个系统的研究模型，便于理论界和实践界全面、准确地把握供应商与中间商的关系，避免了以往在该领域研究的片面性、零散性等方面的不足。

　　第二，以中间商为对象，并把中间商类型作为调节变量进行了研究，从而弥补了以往研究的不足，填补了这方面的空白。

第三，对中间商自发行为种类进行了重新界定。中间商自发行为属于顾客自发行为中的一种，至今尚未有系统研究。本研究在文献研究的基础上首先对中间商自发行为进行了分类，将中间商自发行为分为层层递进的忠诚行为、参与行为、合作行为和共生行为，继而对该种分类进行了检验，实证结果表明，在中间商顾客中确实存在这四种自发行为。这为顾客行为的分类提供了新的视角。

总之，本书对关系结合方式、关系品质、中间商自发行为的研究只是尝试性地做了一些基础工作，还有很多问题有待进一步研究，如行业竞争强度的影响、四种结合方式之间的相互关系、作用的机理等，这将是本人未来的主要研究方向。

目　录

第一章
绪　论

第一节　研究背景与意义

一、研究的现实背景

在市场经济日益繁荣的今天，制造商与中间商的关系已经越来越受到社会的关注，现今大多数制造商的产品还是通过批发商和零售商销售出去的。因此，福特汽车公司的大卫·弗立斯认为："中间商的存在，是我们工业成功的一个主要因素。他们必须看准市场，以招徕更多的消费者。当他们获得成功的时候，我们的生产线才会保持运转。我们希望与他们保持密切的合作。"这段话深刻地揭示了中间商与制造商的关系是互惠互利的本质特征，并且表明中间商在企业发展过程中扮演着重要的角色。

科特勒认为在生产者和最终用户之间执行不同功能和具有不同名称的营销中间机构就是中间商，利用中间商的目的就在于它们能够更加有效地推动商品广泛地进入目标市场。斯特恩和艾尔-安塞利认为中间商使商品和服务流通顺畅，可把生产者供给分类与消费者需求分类之间的差距弥合起来。从经济学的角度分析，中间商的存在符合经济性原则和专业化分工原则。中间商凭借自己的各种公共关系、经验、专业知识以及市场规模，具有客户和渠道优势。在销售过程中，中间商的介入可以有效地减少流通中的谈判成本，降低产品的分销成本，促进销售，增强竞争能力。因此，在市场经济中，中间商作为生产与消费之间的一个特殊环节，在企业的发展过程中有着独特的经济价值，以及难以替代的市场作用和地位。

中间商在实现产品价值中的独特作用一直以来是理论界和实际工作者的研究重点，通用公司的批发商关系部门经理哈沃德·克里斯特曾说过："没有成功的批发商组织，就不可能有通用汽车公司的发达进步。同样，如果批发商没有经销某成功的制造商的产品，他们也注定不会取得成功。制造商与批发商必须相互依存，相互补充。"这段话不仅表明了中间商的重要性，而且也说明了制造商与经销商关系的重要性。①

中间商作为渠道关系的主要成员，一头连接着制造商，另一头连接着消费者，承担着商品转移的重要功能，起着桥梁和纽带作用。纵观学者们的研究成果，中间商的功能主要是实现商品价值的转移，在这一过程中，需要各个成员的共同努力，完成一系列产品的价值创造活动，从而实现商品的使用价值和价值。由此形成的分销渠道②的功能体现在：（1）调研：收集、分析和传递有关顾客、竞争者及相关的市场信息，制定营销渠道计划，帮助产品从生产领域向消费领域转移。（2）促销：传递与供应品相关的信息，并进行说服性的沟通。（3）洽谈：供销双方达成产品价格和其他条件的协议，实现商品所有权的转移。（4）分类：协调厂家与消费者的矛盾，按消费者的要求，整理产品，对产品进行分装、分级、调配等活动。（5）寻找：为制造商寻找潜在的顾客，解决买卖双方

---

① 张新国：《关系营销》，经济管理出版社，1993年，第113~114页。

② 分销渠道的功能从某种意义上讲也是指中间商功能。中间商的存在是社会分工的结果。

的矛盾，并提供合适的服务。（6）实体分配：提供供应品的储存和运输服务，保证正常的供货。（7）财务：补偿渠道的成本，收付货款，提供财务支持和消费信用。（8）风险：在执行分销任务过程中，承担相关风险（Anderson and Coughlan, 1987; Stern, EI-Ansary and Brown, 1989）。

中间商作用的发挥除了依赖批发商或零售商的积极努力外，还与制造商的努力密不可分，与厂商间的关系水平、对市场的认知程度、经营目标、政策等因素相关。

由于制造商与中间商有着各自的利益关系，在现实生活中，双方的矛盾冲突不断发生，已经成为束缚企业发展的瓶颈。企业间的竞争由产品竞争发展到了服务竞争，由价格竞争转到了渠道竞争，一时间，"得渠道者得天下"，"渠道为王"的论断成为人们争相讨论的话题，引起了理论工作者和实际工作者的广泛关注。在当今以买方市场为主导的市场环境下，站在制造商的角度，研究中间商行为，尤其是研究他们的公民行为，是企业获取竞争优势的重要保证。

诞生于1998年的金六福，只用了短短3年时间，到2001年就做到新锐白酒第一的规模；2003年，金六福销售额达到18亿元，2004年突破20亿元。金六福酒的成绩，充分说明渠道中间商与制造商合作所产生的共生效应。白酒经销商吴向东利用自己所拥有的分销渠道的网络优势，借力著名的白酒生产企业——五粮液集团，采用由五粮液生产白酒，吴向东自己创建一个新品牌的合作方式，使得五粮液生产的金六福酒成为白酒家族的一个特殊品牌。在金六福的运作过程中，依托五粮液集团的生产基地和五粮液的知名度与美誉度，利用广泛的销售网络（如在2002年，金六福的营销网络包括20多家营销分公司、2000多家一级和二级代理商、600多名专业营销人员以及4000多名促销人员），以及符合中国人特点的福文化创意，推出了金六福酒。这不能不说是营销界的奇迹，这种现象的出现，表明合作双方已经进入了更深层次，共创了双赢的局面。金六福现象的出现，使我们不得不思考，这种由中间商自发产生的行为，在现在的市场环境中还有没有？如果有，包括哪些？这些行为是在什么条件下出现的？这些都是值得我们研究的问题。

另外，在市场上，除了有成功的合作以外，仍然存在各种关系破裂的现象。如我国著名的空调制造商格力电器与著名的大卖场国美电器，因为双方经济利益和经营目标的不同，导致了双方合作关系的中断。这种合作关系的破裂，对双方都是损失。双方合作关系的结束，对格力空调来说，不仅仅是损失一个经销商的问题，而是面对日益强大的渠道终端，其未来政策的调整问题。因此，合作双方在什么条件下能够维持长期的合作关系，需要对哪些政策进行调整，这些调整会导致中间商有哪些行为反应，对制造商来说，这些问题的研究就更为重要了。

很显然，制造商与中间商之间的关系既有可能成为双方发展的推进器，也有可能成为制约其发展的瓶颈。

而且，研究表明，随着时代的变化，渠道权力由初期的生产商拥有过渡到发展时期的中间商拥有，最终在步入成熟期时将由消费者拥有（唐·舒尔茨，2001）。Jones（1995）认为，制造商之间的激烈竞争导致了零售商的权力增大。另外，零售商集中化程度的加强，控制货架的能力提高，自有品牌的高质量以及面向终端消费者的各种有效的促销活动，使得零售商的话语权提高，控制渠道的能力加强。零售商（也属中间商）自身的行为对制造商的业绩提高有着直接的影响。因此，在强调保持双方关系的今天，研究中间商的自发行为，尤其要研究企业采取怎样的营销政策，才能激发中间商的自发行为，这既是市场竞争的需要，也是当今市场环境变化的结果。

二、研究的理论背景

对制造商与中间商的关系，西方学者进行了广泛的讨论。尤其是关系营销理论的出现，更使得渠道成员关系成为热门的研究话题。

在社会经济发展过程中，制造商与中间商之间有着千丝万缕的联系，他们之间关系品质的好坏，直接影响到整个渠道系统的运转，也关系到渠道成员的绩效。

1. 以效率为主的渠道关系研究

在早期的交易营销中，买卖双方的关系是间断式的，是一次性交易活动。因此，早期渠道成员关系的研究是以效率和效益为核心的，注重渠道结构的研究，重点放在如何提高渠道的效率，发挥中间商的职能作用。一般认为，韦尔德（1916）是渠道研究的奠基人。他首先论及分销渠道的效率，认为职能专业化产生经济效益，从而开始了制造商与中间商关系的研究。此后，其他学者如巴特尔（1923）、康弗斯和胡基（1940）、奥德逊（1954）等，研究了中间商的功能作用，以及企业如何设计低成本、高效率的分销渠道结构，提出在渠道构建过程中企业与中间商的管理和协调问题。麦克马蒙（1965）认为，由于固定成本渐增，边际利润率和投资回报率下降，营销过程日益复杂，协调营销体系的潜在经济效益日益明显，将渠道关系分为公司型、管理型和契约型三种，达到协调营销渠道体系的目的。这一阶段的渠道关系研究主要以在组织与组织之间建立有效率的渠道结构为重点。

以效率和效益为重心的渠道成员关系的研究，主要基于与效率有关的经济学概念，对中间商的研究主要从渠道的结构方面进行，而对营销渠道中的行为变量缺乏相应的研究，因而此后很少出现具有重大价值的研究成果（刘宇伟，2000）。

2. 以权力和冲突为重心的渠道成员关系研究

到了20世纪70年代，营销学者在研究买卖之间的关系时，认为双方行为的管理是渠道关系管理的重要方面。买卖双方作为具有独立地位的经济主体，在渠道关系中市场地位有高有低，因此，在处理双方关系利益的时候，对现实认知的不同、目标不一致、渠道角色的不同、期望的不一致、感知差异、沟通困难、资源稀缺（Rosenberg and Stern，1971；Etgar，1979）等原因的存在，导致渠道成员冲突的存在。Stern 和 Anderson（1996）等认为冲突是指一个渠道成员认为另一个渠道成员参与了阻止或妨碍它达到目标的行为。

渠道成员之间因销售政策不同、决策权分歧、销售目标差异、信息沟通困难、角色定位不一致、责任划分不明确等原因，而产生紧张、焦急、不满、抵触或决裂的现象，我们称之为渠道冲突。例如，某个二级代理商会因为生产商给其相邻区域代理商的广告支持更大或某种规格产品的供货价更低而产生不满；甲地区的分销商不执行分销协议等预先约定，低价倾销或窜货，同样会引起乙地区分销商的不满、愤怒。渠道冲突本质是渠道主体利益、行为和心理上的冲突。因此，如何解决渠道冲突，是这个阶段主要的管理目标。

对于渠道冲突，学者们认为可以通过渠道权力来解决。

渠道权力是渠道中不同层次的渠道成员之间一方对另一方的影响能力。至今为止已经有很多学者对渠道权力概念、权力的来源以及权力的运用等进行了研究（EI-Ansary and Stern, 1972；Hunt and Nevin, 1974；Etgar, 1976；Wilkinson, 1979；Sibley and Michie, 1981；Lusch and Brown, 1982；Gaski and Nevin, 1985；Gaski, 1986；Frazier and Rody, 1991；Brown, Johnson and Koening, 1995；Rawwas, Vitell and Barnes, 1997）。

根据社会学的分析，权力来源于六种权力基础——奖励权力、强迫权力、法律权力、认同权力、专家权力和信息权力（Hunt and Nevin, 1974；Gassenheimer, Sterling and Robicheaux, 1996；Rawwas, Vitell and Barnes, 1997）。上述六种权力又被划分为两大类——强制性权力（Covercive Power）和非强制性权力（Non-covercive Power）。强制性权力指的是一方具有的惩罚对方的能力，包括强迫权力；非强制性权力包括奖励权力、认同权力、法律权力、专家权力和信息权力（Hunt and Nevin, 1974）。学者 Etgar 和 Michael（1978）认为，渠道权力可以根据其对受影响者经济效益的直接或间接程度划分为效益性权力和非效益性权力。效益性权力包括奖励权力、强制权力和法律权力，这些权力的实施能够带来直接的经济影响（如奖励、惩罚或断货等）。非效益性权力包括专家权力、认同权力以及信息权力，这些权力的实施并不会带来直接的经济影响。

使用渠道权力可以控制渠道成员的行为，让渠道成员的行动朝着权力大的一方的目标靠拢，保证渠道目标的实现。

渠道成员权力的大小基于渠道成员的相互依赖关系，在任何时候渠道权力在各成员间的分布都不可能是均衡的，总会因为这样或那样的原因，使得渠道中的某个成员对其他成员拥有更多的渠道权力，而且各种影响因素的变化导致渠道权力会发生动态转移。

Port（1980）指出制造商在以下情况下是有权力的：（1）该行业被少数几个制造商控制着；（2）制造商为顾客设置了高转换成本；（3）该产品是顾客最终产品或生产过程的重要组成部分。同样，顾客则在以下的条件下比较具有权力：（1）他们购买的数量很大。（2）他们的转换成本很低。（3）他们拥有大量的市场信息。

Gul and Lawrence（1988）指出渠道权力不可能只表现为制造商或顾客的市场权力，而是顾客和制造商市场权力共同与相互作用的结果，并通过实证研究验证了分销商权力（DP）、顾客市场权力（CMP）和制造商市场权力（MMP）三者之间的关系，证明了顾客市场权力也在分销渠道中起一定作用。在下列情况下，分销商会拥有相对更大的权力：（1）顾客转换成本很高；（2）行业竞争很激烈；（3）行业销售在行业的制造商之间的分配相对平均。

斯坦恩与埃尔·安萨利（1977，1988，1992）指出，对于渠道冲突问题，可以通过外交、共同加盟同业合作组织、人员交换、相互融合、仲裁、裁决、确定高级目标等手段来解决。

以上学者对渠道成员在行为方面的研究发现，制造商权力的使用对渠道成员的满意水平有着主要的影响。制造商对强制性权力的使用比非强制性权力的使用似乎会导致较大程度的冲突和不满意（Kasulis and Spekman，1980；Frazier and Summers，1986；Frazier and Rody，1991，Geyskens，1999）。Gaski 和 Nevin（1985）发现，事实上，强制性权力的存在和使用增加了成员不满意的程度，而非强制性权力的存在和使用增加了他们的满意度。

可见，非强制性权力的使用更容易被中间商所接受，并能产生积极的作用；而强制性权力的使用虽然能够暂时缓解冲突，但容易遭到对方的抵制，严重时会带来双方关系的破裂，影响整个渠道体系的运转。因此，在渠道成员关系的研究中，随着关系营销理论的兴起，研究的重点转向了保持长期关系。

3. 以关系的持续性为特征的渠道成员关系研究

1983 年来维特在《交易完成之后》中指出：买卖双方的关系很少在一笔交易完成后终止，相反会得到加强，并影响下一次的选择，同时认为发展持久的关系才是公司最重要的资产。欧洲 IMP集团强调渠道成员应以互动方式来建立双方的买卖关系。以坎贝尔为代表的学者指出营销方式的确立应以买卖双方的行业、公司、产品、个人的特点以及在此基础上形成的互动为其关系特征，并根据双方的市场地位划分关系类型，即竞争、合作、指挥，提出了相应的营销战略。此外，IMP 研究的重大贡献还在于提出了著名的互动模型。互动模型是将工业品的采购视为在一定环境下买方和卖方互动的过程，并给予了四个分析变量，即互动过程、互动主体、互动环境和影响互动关系的氛围。北欧著名学者格鲁诺斯首次提出了企业在实施关系营销保持顾客时必须考虑成本-效益的问题，认为关系的建立应该通过相互交换和履行承诺来实现，彼此的信任相当重要。此外，服务流程、服务文化、内部营销也是保持顾客长期关系的基础环节。以佩恩为代表的英国学者在关系营销的应用方面作出了巨大的贡献，提出了系列思想和方法：（1）关系阶梯模型，这为企业建立和推进客户关系指明了方向，它将研究分为从寻找顾客到保持顾客的六阶段，即潜在顾客、顾客、客户、支持者、宣传者和伙伴关系，反映了企业与顾客的关系是渐进式的，随着关系的不断深入，潜在的顾客可能变为合作伙伴。（2）提出了六大市场模型，将所有影响企业与顾客关系的因素归于顾客市场、内部市场、推荐市场、影响市场、雇员市场、供应市场，强调企业在开拓顾客市场时要注意其他市场的作用，并使其协调统一。（3）根据 Gluck的商业体系和 Poter 价值链的思想，提出了关系管理链的模式，进一步把关系营销推向可操作的层面。其核心思想是，在价值链上自始至终创造和维持互惠互利的关系，以最终实现顾客价值。他们将六大市场分为外部市场和内部市场，关系链管理在两大市场协调的框架下进行，而关系链管理也必须保证内部市场与外部市场的不断融合，同时内部市场与外部市场的分类将员工的满意度提高到重要的地位。关系链管理的流程分为：确定价值内涵；细分、确定目标和定位；确定运作和交付系统；对已交付的价值进行分析和评价；控制和反馈。

随着关系营销理论研究的不断深入，企业间渠道关系的研究具体表现在建立渠道联盟上。主要包括：（1）渠道联盟的实质和绩效。斯特恩等（2001）认为渠道联盟的实质是为保持持续的竞争优势和超额利润，上游企业和下游企业努力建立的联盟。承诺和信任（Morgan，Hunt，1994）为渠道成员关系研究的关键变量。（2）连续性、忠诚、双向沟通和互动（海得和米纳，1999；斯特恩，2001；莫和内文，1990；等等）。（3）渠道关系的生命周期。渠道关系经过知晓、探索、拓展、忠诚、衰退和解体等不同的生命发展阶段。

从总体上看，对营销渠道关系西方在不同的层面上通过不同的视角进行了研究，也取得了许多重要的研究成果，尤其在关系营销理论视角下的研究更是如此。许多新的研究视角，如关系锁定（也称关系结合方式、关系约束等）、关系品质、关系行为等的研究，更丰富了渠道理论。但是，人们发现，在以关系为重心的渠道成员关系研究中，由于成员间的利益之争，组织间合作常以失败而告终。也就是说，企业在实施关系营销后，并不能百分之百地长久地保持双方的关系，有时关系营销的效果达不到预期，因此，围绕关系营销实施效果方面的研究，也成为营销理论的研究热点。

围绕关系营销实施效果所作的研究，学者们讨论最多的主要是这样一些相关内容，如关系策略、关系品质、顾客忠诚、承诺、信任、满意、机会主义、关系结合（有的也称关系锁定）、关系强度、关系利益、合作、关系成本、关系效果等。对这些内容学者们从概念、相互关系、研究意义等进行了探讨。在大量的文献中，研究最多的还是顾客的忠诚行为，如顾客推荐、合作、参与等行为。由于学者们的研究视角和对象不同，他们得出的结论也不一致，那么，企业在实施关系营销时到底该采用哪些策略来保持长久的渠道成员关系，这些策略对成员双方的关系水平产生什么样的影响，会引发成员间的哪些行动，对这些问题的回答，引发了本研究课题。

三、研究的意义

（1）提高企业的市场竞争力。随着市场经济的纵深发展，企业间的竞争日益激烈，分销渠道作为企业争夺市场份额和利润的最前沿阵地，更是硝烟弥漫。对于生产者而言，掌控了渠道（中间商），就掌握了市场的主动权。当今渠道的话语权并不能完全掌握在制造商手中，渠道权力正在向中间商转移，有些大的中间商在渠道链中越来越占据主导地位，开始创建自己的品牌，与制造商争夺消费者资源。因此，企业要想在竞争中获取竞争优势，必须研究如何加强与中间商的合作，通过合作共同掌控市场，有效开展竞争。而且，从长远来看，建立针对未来竞争者的进入壁垒，最有可能的就是良好的分销渠道网络。因此，研究利用关系营销的理论和方法，加强与中间商的关系，激发中间商的自发行为，无疑能够有效地提高企业的市场竞争力。

（2）提高企业的营销绩效。顾客作为企业价值的重要创造者和实现者，无论对何种类型的企业而言都是至关重要的。因此，保持与中间商长期、互动的关系，提高与中间商的关系品质，保持中间商的忠诚度，实现企业的利润最大化，是当今企业进行关系营销的重要举措。

学者 Reichheld（1996）在研究服务企业的顾客忠诚价值时指出，企业实施关系营销，加强与顾客的长期关系，尽管从短期来看其关系绩效并不明显，但从长期来看，随着关系成本的降低，给企业带来的直接好处就是销售额的快速增长和利润的提升。图 1-1 展示了忠诚顾客的持续价值。

因此，对中间商实施关系营销，建立长期的客户关系，加强对中间商自发行为的研究，对于提高企业的营销绩效有着重要意义。

（3）丰富了关系营销效果方面的研究成果，有利于关系营销理论的深入。关系营销理论的核心是与顾客保持长久的关系，围绕这个核心，学者们进行了广泛的研究。本研究通过对关系结合方式、关系品质、中间商自发行为等相关内容进行整合，构建一个系统的研究模型，便于在以后的研究中准确地把握供应商与中间商的

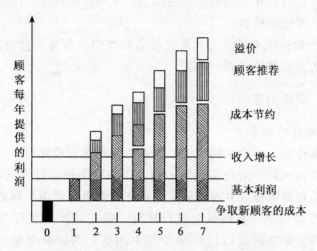

图 1-1　关系顾客对企业赢利能力的影响

关系，避免了以往在该领域研究的片面性、零散性，为关系营销的效果的研究提供了一个新的路径，从而丰富了关系营销理论。

第二节　研究的目的和范围

一、研究的目的

基于以上研究背景和相关理论的回顾，本书以关系营销理论为基础，研究制造商与中间商之间不同的关系结合方式、关系品质与中间商自发行为的关系，即探讨在本土环境下，不同的关系结合方式及关系品质对忠诚、参与、合作、共生等自发行为的影响，帮助企业选择关系结合方式，提升关系品质，激发中间商的自发行为，提升企业竞争优势。

（1）根据已有的研究成果，结合关系营销理论、社会交换理论、交易成本理论，构建关系结合方式及关系品质和顾客自发行为关系的研究路径以及整合的研究模型，并对其进行检验。

（2）探讨不同类型的中间商，如工业品中间商和消费品中间商的自发行为，在不同的关系品质条件下的影响程度、行为反应是否一样，并进行检验。

（3）验证关系结合方式及关系品质和中间商自发行为的关系，与国外的研究结论是否一致。

二、研究的范围

1. 研究的对象

顾客作为一个广义的概念，包括组织顾客和最终消费者两种类型。狭义的顾客一般是指最终消费者。在有关顾客行为的研究中，学者们对顾客的概念并没有界定是最终消费者还是组织顾客，往往将顾客作为一个广义的概念进行研究，但在顾客自发行为的研究中，现有文献有的是以组织顾客（中间商）为研究对象（Morgan & Hunt，1994），有的是以最终消费者为主体进行研究，如 Bettencourt（1997）以服务业为背景，讨论顾客的自发行为。在本书的研究中，中间商是分销渠道的中介，也是顾客的一种，即生产者—中间商（顾客）—顾客，是本书研究的主体。

在商品交换过程中，对企业而言，无论是作为组织的中间商，还是作为个人的消费者，都可以看成是购买企业商品的顾客，但两者在企业的价值链中，所处的地位、扮演的角色、发挥的作用不同，因而企业在管理过程中的手段和方法也会不一样，两者对企业实施关系营销的反应方式也会不同。这是因为中间商和个人虽然都是企业的顾客，但两者还是有明显的区别，主要表现在：

第一，从购买产品的目的看，中间商处于特殊的中介地位，一头连接生产，另一头连接消费。中间商的购买目的是为卖而买。当它与生产者打交道时，代表消费者的利益，按消费者的需要购买产品。当它与消费者打交道时，站在生产者的角度，替生产者服务，将生产企业的产品销售出去，实现商品的转移以及商品的最终价值。而最终顾客买商品的目的，是为了消费，不再进行商品的转移。

第二，从购买的决策过程看，中间商的购买行为复杂，其购买的产品量大，次数少，可供选择的供应商有限，决策过程限制因素较多，存在较大的风险，一旦购买失误，有时会导致企业的经营失败。而个人消费者购买商品的数量少，购买次数多，人数多，变化快，不易控制。

第三，从与制造商的关系看，中间商是企业通向市场的窗口，企业的商品销售需要中间商的合作和努力，才能将产品销售出去，是制约企业发展的瓶颈，因此，制造商与中间商关系的密切程度远远高于个人顾客。同时，中间商的生存同样也离不开制造商，两者是互相依存的关系。

可见，尽管中间商与个人都属于顾客，但对制造商来说，与中间商进行合作的意愿相比个人消费者强烈得多，而且中间商的行为直接与制造商的利益息息相关，因此，研究中间商的自发行为，对企业来说也就更重要了。

在本书的研究中，将中间商分为工业品销售商和消费品销售商，考察关系结合方式和关系品质对这两种类型的中间商所产生的自发行为是否一样，为以后中间商的管理提供理论依据。

需要说明的是，在顾客自发行为的研究中，许多学者是从服务业的角度进行研究的，研究个人顾客自发行为中的忠诚、合作、参与，而作为顾客之一的中间商，在其行为的研究中，同样也存在忠诚、合作、参与等方面的内容，因此，本书认为个人顾客自发行为的研究成果对研究中间商的自发行为同样有价值。在后面的讨论中，我们将借用个人顾客自发行为的有关研究成果，探讨中间商的自发行为，同时根据中间商的中间地位，将共生行为纳入我们的研究范围中。

在本书后面的研究中，如果没有特别说明，文中的顾客也指中间商。

2. 研究的视角

买卖关系的形成是买卖双方共同活动的结果，他们根据自身需要、市场的现实状况，选择适合自身要求的交换方式和合作伙伴，并根据关系建立的条件，调整自己的行动策略。对买卖关系效果的研究，有从供应商角度来研究的，有从购买者角度来研究的，却少有从买卖双方的视角来研究双方关系，其原因可能在于收集资料困难，时间维度难以控制，研究的复杂性等。本研究是从制造商的行为出发，从中间商视角来研究买卖双方的关系。这一方面有利于资料信息的收集，另一方面在概念和操作方面便于控制，同时，研究表明，买卖双方对关系结合和关系品质的理解具有相似性（Jone，Reve，1982；Heide，1992），从理论上看具有一定的研究价值，从实践上看对实践的指导性也更强。

第 二 章
研究的相关理论

第一节　关系营销理论

关系营销思想出现很早，Magarry 在 20 世纪 50 年代提出了营销的六项功能，其中"契约功能"（Contractual Function）指的就是发展市场伙伴间的相互依赖的合作关系。John Arndt（1979）指出，企业趋向与关键顾客和供应商建立持久关系而非仅仅只关注一次性的交易，并把这种现象定义为"内部市场化"。在他们提出的关系营销思想基础上，许多学者从不同的角度对关系营销进行研究。其代表性的研究有诺丁学派（Nordic School），从服务营销的角度出发，研究企业如何进行流程再造、实施内部营销以对外部顾客提供良好的服务并实现价值增加；IMP 学派（Industrial Marketing and Purchasing Group）研究的重点是产业市场的关系和网络；社会交换学派从社会交换的角度研究企业与顾客、供应商、竞争者等利益相关者的关系。

一、关系营销的概念

1. 关系的概念与表现形式

关系一般是指事物与事物之间的客观联系。在社会学中"关系"有着特定的含义。任何个人或企业要想生存与发展，不可避免地要与其他相关利益者发生联系。这种联系就是我们所说的关系。关系是人类社会发展中所特有的、必然的和客观存在的一种现象，有着丰富的内涵。

在社会化大生产中，社会分工日益精细，必然带来企业间经济联系的扩大，企业间的相互依赖性增强，彼此的联系更为密切，关系双方的利益矛盾更突出。保持长久关系的本质是个人或组织之间存在共同的利益。

随着社会的不断进步，人们的活动范围日益扩大，彼此的交往关系更加复杂多变，关系成为现代社会重要的资源，企业发展的重要资产。如何有效地把握和运用这种关系资源，是企业管理发展中的重要课题。关系营销理论正是为了帮助企业有效地利用企业的资源，加强彼此间的联系，建立长期的关系。

学者在关系研究中认为，关系可分为四大类型、十种形式（见图 2-1）。这四类关系有：供应商伙伴关系、横向伙伴关系、买方伙伴关系以及内部化关系。

上述十种关系表明核心企业要想在市场竞争中取得成功，不可避免地要与不同类型的相关利益者进行联系，建立各式各样的关系。

本研究所界定的关系是一种二元关系，主要探讨企业与中间商的关系。也就是说，我们需要研究企业在实施关系营销策略后，中间商的行为有哪些表现，这些行为之间有何联系；在实施关系营销策略时，哪些策略是有效的，对影响中间商行为是有意义的；哪些策略是无效的，不能帮助企业获取关系利益。

2. 关系营销的概念

对关系营销的概念，学者们从不同的角度进行了探讨，至今还没有统一的认定。根据可抽样性、客观性、可能性、系统性和定量

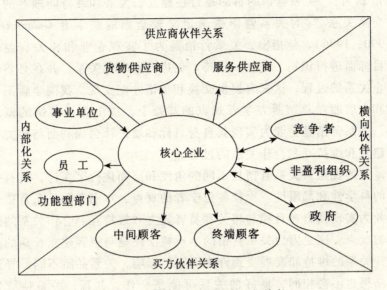

图 2-1 核心企业与其他利益相关者

资料来源：Morgan, R. M., Hunt, S. D., 1994, The Commitment-Trust Theory of Relationship Marketing, Journal of Marketing, 58 (3), pp. 20-38

性等五个标准，Harker（1999）从 117 篇关系营销文献中找出了 27 种定义，它们相互之间很难达成一致抑或接近一致。各种定义都只是蜻蜓点水，难以概括全貌，而要想找到"通用的、明确的和完整的关系营销定义，就无疑是在寻找魔鬼"（Gommesson，1997）。① 但在各种定义中，具有代表性的观点有以下几种：Berry（1983）从保持老顾客比吸引新顾客的营销效率更高的现象出发，认为关系营销的实质就是保持现有顾客。Barbara Bund 和 Jackson（1985）提出，关系营销就是锁住顾客，主要通过两种纽带锁住，一种是结构纽带，另一种是社会纽带。Copulsky 和 Wolf 提出"关系营销就是用数据库'瞄准'顾客，与顾客建立长期的关系"。此外，Morgan 和

---

① 袁国华：《关于关系营销理论发展的理性思考》，《外国经济与管理》2004 年第 6 期。

Hunt 认为："关系营销的目的是旨在建立、发展和维持同顾客的成功交换关系。"对关系营销概念定义较全面的是学者 Gommesson（1990，1996），他指出，关系营销是为了实现企业和相关利益者的目标而进行识别、建立、维持、促进同顾客的关系，并在必要时中止关系的过程，这只有提供交换和承诺才能实现。我国学者王桂林和文启湘在总结西方学者观点的基础上，提出关系营销的概念是：关系营销是企业为实现其自身目标和增进社会福利而与相关市场建立和维持互利合作关系的过程。

上述观点对关系营销从不同的角度和层面进行了探讨，具有一定的科学性和局限性。比较各位学者的观点，本书赞同关系营销是企业为实现其自身目标与相关利益者建立和维持互利合作关系的过程的观点。这是因为关系营销的本质特征还是与顾客建立长期的关系，关系的维持和发展受到许多因素的影响，关系品质不同，导致的结果也不会相同，良好的关系可能是合作、共赢，关系持续发展，不好的关系则有可能导致关系破裂，危害企业的发展。

二、关系营销与交易营销的区别

关系营销是在交易营销的基础上发展而来的，两者之间既有区别又有联系，如表 2-1 所示：

表 2-1　　　　　　　　关系营销与交易营销的区别

标准	交易营销	关系营销
基本目标	单一的交易	关系
视角	静态	动态进化
关系长短	短期关系	长期关系
表现形态	离散的关系	长期的关系
营销推动	价格推动	价值提升
时间导向	短期考虑和行动	长期考虑和行动
营销目标	获得新顾客	保留老顾客

续表

标准	交易营销	关系营销
关注焦点	销售的增长	关系的保持
营销导向	鼓励交易的完成	鼓励长期的交易关系
奖励系统	奖励以销售量为标准	奖励以建立和发展长期关系及收入为标准
服务理念	关注产品和服务	关注顾客的期望和感知
经营理念	只追求交易的实现	交易的实现仅仅是开始，追求长期的关系和结果
组织架构	组织结构不支持长期关系的建立和发展	组织结构支持长期关系的建立和发展

资料来源：Thorsten Hennig-Thuran，Ursula Hansen：《关系营销：建立顾客满意和顾客忠诚赢得竞争优势》，广东经济出版社，2003 年。

从以上的差异我们可以看到，关系营销相对交易营销来说，两者之间有着明显的差异。交易营销以产品为中心，采用 4P's 营销组合手段，着眼于单次交易活动的收益最大化；而关系营销以长期关系为导向，采用关系方法，注重价值的创造和双方关系的交互作用，以构建企业持久的竞争优势。有学者指出关系营销和交易营销是两种不同的营销范式，关系营销的出现，意味着交易营销范式的结束；但也有学者认为，交易营销和关系营销不是截然对立的，这两种范式适应不同的市场范围，未来的发展应该是并存和兼容的。

关系营销理论的提出，为我们研究企业间的关系提供了一种新的研究范式和新的视角，对保持与中间商长期关系的研究提供了理论基础，由于该理论是基于西方高度发达的市场经济环境和高度完善的信用制度而提出的，所以在应用的过程中，必须结合环境特征来进行。

三、关系营销的实质与特征

关系营销的具体特征体现在以下四个方面：

（1）以合作为基础。经济活动中，关系的存在状态从性质上可分为对立性和合作性两类。对立性的关系是指企业组织与相关者之间为了各自目标、利益而相互排斥或反对，包括竞争、冲突、对抗、强制和斗争等；合作性的关系即关系营销的主客体双方为了共同的利益和目标采取相互支持、互相配合的态度和行动，包括顺从、顺应、互动和合作。这后一种情形体现了越来越多的企业希望建立与顾客、分销商、供应商甚至是竞争者长期的彼此信任的互利的关系。

（2）双向信息交流。社会学对关系的研究认为，关系是信息和情感交流的有机渠道。在这一过程中，不仅能简单地传递信息和感情，而且能有机地影响与改变信息和感情的发展。良好的关系既是指渠道的畅通，恶化的关系则意味着渠道的阻滞，中断的关系则指渠道的堵塞。关系的稳定性表现为关系并不因为交流的间歇或停止而消失，因为人们在交往过程中形成了认识和了解，这种了解和认识是持久的、不易改变的。

（3）双赢互利。一般而言，出于竞争动机的交易者往往会争取各自最大限度的利益，而出于合作动机的交易者则会谋求双方共同的利益。相对于过去的营销技巧中的"中或不中"（Hit or Miss），关系营销展示了一个双赢选择，即企业在与消费者、供应者、竞争者、政府、社会、公众、所有者和员工等利益相关者的交往中，可通过帮助另一方获得至少足以使其满意的收益而共赢。

（4）战略过程的协同性。在竞争性的市场上，明智的营销管理者应强调与利益相关者建立长期的、彼此信任的、互利的关系。这可以是关系一方自愿或主动地调整自己的行为，即按照对方要求行事；也可以是关系双方都调整自己的行为，以实现相互适应。各具优势的关系双方互相取长补短，联合行动，协同动作以实现对各方都有益的共同目标，可以说是协调关系的最高形态。

四、关系营销的基本理论

1. 承诺-信任理论

Morgan 和 Hunt 1994 年在其论文 *The Commitment-Trust Theory in*

Relationship Marketing 中，率先提出了著名的承诺-信任理论。作者在文献回顾的基础上，明确指出关系营销是指所有旨在建立、发展和维持成功关系交换的营销活动，并从关系营销投入产出分析的角度，建立了 KMV 模型，该模型以关系承诺和信任为关键中间变量，以关系终止成本、关系利益、共同的价值观、沟通和机会主义行为作为影响二者的五个前置因素，其结果是：默许、离开倾向、合作、功能性冲突及决策的不确定性，如图 2-2 所示。

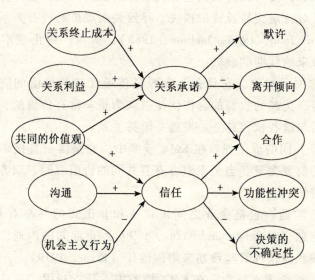

图 2-2 KMV 模型

该模型中各个变量的含义是：

承诺是指一个交易伙伴相信与另一方的关系很重要，所以愿意努力来维持它，也就是，承诺方相信关系值得继续维持并保证它可以一直持续下去。许多研究文献也表明，交易方视交易伙伴的承诺为取得对它自己有价值的结果的关键，并且他们努力发展并维持这种宝贵的特征。

信任源自深信对方是可靠、正直的信心，与这些品质相关，如一致、有能力的、诚实的、公平的、负责的、有用的、慈善的（Altman and Taylor，1973；Dwyer and LaGace，1986；Larzelere and

Huston，1980；Rotter，1971）。

　　研究表明，承诺和信任是维持双方关系的关键因素。那么，影响承诺和信任的因素有哪些？这些影响因素通过承诺和信任会导致哪些行为结果呢？

　　在 KMV 模型中，关系终止成本、关系利益、共同的价值观、沟通和机会主义行为为前置变量。

　　（1）关系终止成本。它是指当买卖双方中的一方想与另一方结束关系时，而与新的成员建立关系时的机会成本，也称为转换成本。它是对特定交易投资的损失，导致关系成员对现有关系的依赖（Heide and John，1988；Jackson，1985）。所以，终止成本是所有终止所带来的预期的损失。

　　（2）关系利益。它是企业为顾客传递优越的价值的能力，因为能够传递优越的收益的合作伙伴被认为是非常有价值的，企业将做出承诺与这些伙伴建立、发展并维持关系。

　　（3）共同的价值观。在 KMV 模型中，它是惟一直接影响承诺和信任的前置变量。当关系双方有着共同的价值观时，双方的关系就更加密切。

　　（4）沟通。它是企业之间正式的和非正式的共享有意义的、适时的信息（Anderson and Narus，1990）。企业间的沟通，能帮助解决争端和调整理解与预期来增强信任（Etgar，1979）。

　　（5）机会主义行为。在 KMV 模型中，是指利用"欺诈的方式获得自己的利益"行为（Williamson，1975）。如果合作的一方认为另一方会有机会主义行为产生时，信任就会降低。

　　KMV 模型中的结果变量包括：

　　（1）默许。默许是关系的一方接受另一方特殊要求的或政策的程度，承诺影响默许，默许是关系承诺的结果。

　　（2）离开倾向。关系双方离开的意愿越高，双方的关系就越不稳定，这就必然导致双方为了维持关系而花费更多的关系成本来维持关系。承诺与离开倾向呈负相关。

　　（3）合作。合作是伙伴一起工作时达成彼此的目标（Anderson，1990），有效的合作能促进关系营销的成功。当一方信任另一方，并愿意保持彼此间的关系时，合作是主动的。在 KMV 模型中，合作是假设的关系承诺和信任惟一直接影响的结果变量。

（4）功能性冲突。在关系交易中，总有不同意或者冲突（Dwyer,Schurr and Oh，1987）。如果不能友好地解决冲突，可能导致关系破裂。然而，当争端得以友好地解决时，这些不同意可以看做"功能性冲突"，因为它们阻止了停滞，激发了兴趣和好奇心，并且提供了一个"显示问题并解决问题的媒介"（Deusth，1969）。因此，功能性冲突可能增加关系营销中的生产力，被视做"做生意的另外一部分"（Anderson and Narus，1990）。

（5）决策的不确定性。决策的不确定性指一个人没有足够的信息做决策，这些决策的结果也难以预测，信任降低会导致决策的不确定性。

本书认为 KMV 模型将关系影响因素、关系品质以及关系结果三者联系起来进行研究，为以后的研究打下了良好的基础，并明确提出了将承诺和信任作为关系品质的中介变量的结论。模型还对关系的影响因素从经济的角度（关系终止成本、关系价值）、社会的角度（共同的价值观、沟通）和行为的角度（机会主义行为）三个方面进行了分析，体现了关系保持是受不同层面因素影响的。从关系结果看，关系品质的水平对保持双方的关系至关重要，对长期关系保持的行为结果默许、离开倾向、沟通、功能性冲突和决策的不确定性等方面进行分析，对双方关系的管理有着积极的指导意义。但该模型也有一些缺陷，表现在对影响关系的结构性因素没有考虑，而且"满意"在许多研究中，尤其是在渠道成员关系的研究中，一直是非常重要的中介变量，该模型缺乏对这一变量的研究。另外，中间商的参与和共生行为对于双方关系的保持、提高整体竞争优势有着举足轻重的作用，这一变量在关系结果中也没有涉及。

2. 六大市场理论

关系营销把一切内部与外部利益相关者纳入研究范围，利用系统的方法研究企业的经营活动及其相互关系，因此学者 Christopher，Martin，Payne 和 Ballantyne 等提出包括顾客市场、推荐市场、

供应市场、雇员市场、影响市场、内部市场在内的六大市场模型，
如图2-3所示，通过六大市场模型来研究企业间的相互关系。

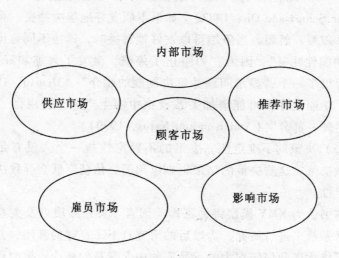

图2-3   关系营销六大市场模型

（1）顾客市场。广义的顾客是指"与企业有过业务往来的人
或组织"，狭义的顾客是指企业产品和服务的实际购买者。顾客是
企业价值的实现者，是企业重要的价值来源。企业的成功与满足顾
客需求的程度成正比例关系。因此，企业必须通过顾客市场大量收
集各类市场信息，预测目标市场的购买潜力，通过适当的方式与顾
客进行沟通，加强顾客之间的联系，建立信任关系，并与顾客建立
长期的合作关系。

（2）内部市场。它是指公司内部的个人和团体所构成的市场，
即在企业内部，各个部门为了争夺、分配企业的资源而形成的市
场。企业的内部市场涉及企业内部各个职能部门之间的关系、涉及
企业与员工的关系、企业与股东的关系。处理这些利益关系，可以
利用交易成本理论、契约理论来建立内部管理制度。但是，关系营
销理论告诉我们，要想真正协调各个利益主体的关系，需要利用关
系营销中的承诺-信任理论进行管理，要像对待顾客那样对待内部
的员工，这样企业员工的积极性才能充分调动，使得双方利益都得

到保障。

（3）影响市场。它是指那些通过行动或口传对企业的生产经营活动产生影响的各个利益主体，包括各种金融机构、新闻媒体、公共事业及政府等部门。企业成功与否，在很大程度上与这些主体的行为有关系。企业的营销活动需要得到这些组织的理解与支持。影响市场与推荐市场最大的差别在于，前者是通过具体的行动影响企业，而后者则是通过口碑宣传影响企业。

（4）供应市场。供应商指那些向生产企业提供各种生产要素的企业，如供应原材料、能源、机器设备、零部件、服务等。供应商通过自身的服务为企业的发展提供各方面的物质帮助。供应市场是企业发展的基础，是企业生产的保障。企业要想发展必须与供应商建立长期的合作关系，从而获取竞争优势。

（5）推荐市场。它是指可能向其他潜在顾客推荐某个组织的商品或服务的企业或个人。推荐市场对企业的发展起着尤为重要的作用。

（6）雇员市场。它是指专为企业提供员工的市场，是企业重要的人力资源的来源，是企业生产经营活动的保证。

六大市场理论反映了市场并不是单一的。企业以顾客市场为核心，但还要与其他市场保持良好的关系。企业的成功还受到供应市场、推荐市场、影响市场、内部市场、雇员市场的影响，因此，企业在实施关系营销时，一定要坚持以顾客市场为主，注意与其他市场协调发展，从整体的角度开展市场活动。

3. 关系营销的过程理论

Gommesson 提出了关系营销的"价值、交互和对话过程"模型，如图 2-4 所示，该理论指出关系包括实体产品或服务的交换或转移，关系一旦建立便会在交互过程中延续。在价值、交互和对话三者的关系中，交互过程是关系营销的核心，即顾客需求满足的过程；对话过程是关系营销的沟通侧面，其特点是试图创造双向的有时甚至是多维的沟通过程。对话过程必须支持价值的创造和转移。价值过程则是关系营销的结果，关系营销应该为顾客和其他各方创造比单纯的交易更大的价值。顾客必须感知和欣赏持续关系所创造的价值。由于关系是一个长期的过程，所以顾客价值在一个较长的时间内出现，我们将这称为价值过程。

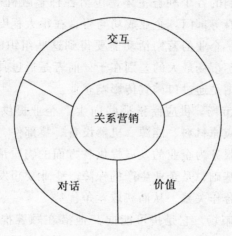

图 2-4 价值、交互和对话过程模型

关系营销的过程理论告诉我们，企业实施关系营销并不是一个单向的行为过程，而是双向的。双方关系的建立一直是在交互的过程中进行的。

4. 关系生命周期理论

Gronroos 从服务营销的视角提出了关系营销生命周期理论，将关系营销视为一个循环过程，具体分为初始阶段、购买阶段、消费阶段。在初始阶段，顾客对企业的产品和服务进行评估，如果是正面的，消费者就进入下一个阶段——购买和消费阶段；在消费阶段，如果顾客对企业的产品或服务在质量和功能方面感到满意，就会出现重复购买，开始新一轮的循环。此外，学者 Schorr 和 Oh 从契约的角度，推导出五个阶段的买卖关系，这五个阶段是知晓、探测、拓展、承诺、衰退和解体，并认为在每个不同的阶段，关系一方看待对方态度、处理问题的方式都是不一样的，见表 2-2。关系生命周期理论显示，关系不可能一劳永逸，永远保持下去。在不同的阶段，双方对关系的感知是不一样的，需要双方的共同努力，增加彼此的信任，才能保持长久的关系。

表2-2 关系生命周期的各个阶段

阶段1：知晓	阶段2：探查	阶段3：扩展	阶段4：承诺	阶段5：衰退和解体
• 一方发现另一方是可能的交易伙伴 • 少量的互动 • 网络非常关键：一个参与者推荐另一个 • 实体接近问题：各方很希望相互知晓 • 在其他领域交易的经验能用于识别伙伴	• 双方的测试和探查 • 对各方的性质与动机的调查 • 相互依赖性增加 • 大量的谈判 • 开始有选择性地透露信息，而且必须是相互的 • 对权力和公正问题极度敏感 • 开始出现准则 • 角色定义变得更为精细 • 关键特征：各方都运用推断并进行检测 • 这一阶段很容易被任何一方终止	• 双方的效益都得以扩张 • 相互依赖性提高 • 承担的风险加大 • 对结果的满意导致更大的动力和更多的承诺 • 目标的一致性提高 • 合作增强 • 沟通增多 • 其他可替代伙伴的吸引力减弱 • 关键特征：动力必须得到保持。为进一步发展，各方必须寻找新的行动领域，同时保持创造共同回报的一贯努力	• 各方进行投资以建立和保持关系 • 长期视野 • 各方可能知道其他替代者，但不会主动寻找替代者 • 对双方的高度期望 • 高度的相互依赖性 • 高度信任 • 伙伴之间解决冲突，相互调整以适应变化的环境 • 共同价值或契约机制（如共担风险）强化相互依赖性 • 关键特征：忠诚、适应性、持续性和高度的相互依赖性使得这些关系与众不同	• 一方倾向于引发解体 • 增长的不满导致一方撤回投资 • 缺少投资激起另一方的报复 • 解体可能是突然的，但通常是渐进的 • 关键特征：建设需要双方的努力，但破坏只需一方。关系的衰退常常在双方没有认识到的情况下到来
1	2	3	4	5

关系生命周期理论告诉我们，企业与中间商的关系，并不能永远保持，它和人类生命一样，会随环境的变化而变化。

五、实施关系营销的利益

1. 关系营销对企业的利益

企业实施关系营销可以获取的利益有：

第一，提高顾客的忠诚度。企业实施关系营销能带来较高比例的满意顾客、较高的顾客忠诚度，消费者认同厂商提供的产品有较佳的品质，并增加产品的利润。其实证研究的结果，亦证实关系营销与顾客的满意度、忠诚度以及顾客对产品品质的知觉呈显著的正相关（Shani and Chalasani，1992；Evans and Laskin，1994）。

第二，可以增加交叉销售的机会。由于企业与顾客建立了良好的关系，顾客基于对企业的信任，除了购买以前购买的熟悉的产品外，对企业新开发的产品也会购买，从而实现交叉销售。

第三，及时了解顾客的信息，建立顾客档案。通过顾客资料库的建立，可以对顾客进行分类，针对不同类型的顾客提供相应的产品。

第四，降低企业的经营成本。关系营销的实施，可以及时获取顾客的需求信息，取代大规模的营销研究工作，如减少花在大众媒体上的广告费用（Shani and Chalasani，1992；Christy，Oliver，and Penn，1996），降低经营成本。

第五，增加与消费者面对面接触的机会，拥有一群核心顾客，使公司能有效进行产品试销工作，让顾客对新产品进行试用、评价，参与新产品的研究工作。

总之，企业实施关系营销将提高顾客对公司的忠诚度，从而有更多的销售机会，增加公司的长期利润。

2. 关系营销对顾客的利益

从顾客的角度来看，关系收益主要包括整体质量改进、产品组合扩展、顾客满意增加、成本减少、更快更专业的服务和形成良好的社会关系等。Lapierre（2000）通过实证研究检验了产业市场对顾客的三种关系收益——产品相关收益、服务相关收益和关系相关收益，而 Wolfgang Ulaga et al.（2002，2003）在此基础上又增加了与供应商的技能相关的收益、与提升顾客竞争地位相关的收益、贴近市场的收益等。Walter et al.（2003）则通过关系的直接功能（质量功能、容量功能、保障功能）与间接功能（市场功能、侦察功能、创新功能、社会支持功能）两个方面来说明和检验产业市场对顾客的关系收益。然而，对最终消费者而言，通过实证研究确认的有代表意义的关系收益为社会收益、心理收益和特殊待遇收益（Barnes，1994；Berry et al.，1995，1997；Gwinner et al.，1998；Henning-Thurau et al.，2002）。

（1）社会收益。

社会收益涉及顾客与单个雇员关系的情感部分，顾客享受他与雇员之间积极的关系，例如建立了某种类似于朋友的关系。这种关系收益在需要员工与顾客高度接触的服务业中普遍存在，顾客能够在接受服务的过程中得到社会收益。在高度接触的服务业中以社会收益作为差异化策略特别有用，可以帮助公司在短期内形成竞争优势，使其他公司难以模仿。

Berry（1995）认为社会收益在顾客与服务提供者之间普遍存在，而且起着非常重要的作用，并指出社会收益包括与提供者的亲近感、友谊、密切关系以及社会认可等方面。

（2）信心收益。

根据 Barner（1994）、Bendapudi 和 Berry（1997）以及 Berry（1995）等学者的研究，信心收益是指顾客减少焦虑不安与相信服务提供者的一种感觉。Berry（1995）认为顾客和服务提供者维持长久的关系，一个重要的收获就是风险的降低。Gwinner，Gremler 和 Bitner（1998）经过深度访谈得知，顾客与服务提供者保持良好的关系后通常有一种舒适与安全的感觉，可减少不确定时的焦虑感，对服务提供者提供的产品或服务有信心。同时，他们通过实证研究证明这种收益的存在。他们的文章指出，信心收益对顾客而言是最重要的。

（3）特殊待遇收益。

特殊待遇收益包括因得到服务提供者的信任而获得的特殊的交易或优惠价格，或者是特殊的服务，通常表现为价格折扣、快速服务，或者个性化额外服务等，可以分为经济收益和非经济收益。从经济收益上讲，Peterson（1995）认为顾客与公司维持持久的关系，可能从中获得价格上的特殊优惠，也就是金钱的节省是顾客从事关系交易的主要动机。另外，一些学者从转换成本的角度对特殊待遇收益进行解释，认为当顾客采取转换行为存在学习成本时，顾客继续保留在关系中能够体验到非经济性的收益。并且，当顾客维持与公司的持久关系时，能够获得一般顾客无法得到的额外服务和优先对待。

综上所述，顾客与公司维持长期关系，主要是希望降低不确定性风险，获得较高的利益。

六、关系营销理论的启示

保持与顾客的长期持续关系是现阶段企业获取竞争优势的源泉（科特勒，1999），企业不仅要重视与顾客之间的关系，还要与其他利益相关者保持友好关系。六大市场理论告诉我们，顾客虽然处于关系市场的核心，企业还必须与其他市场，如供应市场、推荐市场、内部市场、影响市场、雇员市场建立长期合作的关系，这些市场之间是互相影响的，在研究顾客关系时，必须将研究的视角放在整体市场范围内进行。关系营销的过程理论告诉我们，建立长久的关系，必须不断地进行沟通，增强彼此的信任，通过对话方式解决各种矛盾，通过交换方式达到双方价值的最大化。关系虽然建立，并不能保证长期存在，企业间长期关系的维持是要通过努力才能实现的。

关系营销理论为我们研究企业间的关系提供了一种新的研究范式和新的视角，为如何保持与中间商长期关系的研究提供了理论基础，由于该理论是基于西方高度发达的市场经济环境和高度完善的信用制度而提出的，所以，在尚不发达的市场环境中应用的时候，必须结合它的环境特征来进行。

第二节　交易成本理论

自从 Coase（1937）在其著作《企业的经济性质》中提出交易

成本概念以来，这一理论得到了 Alchina 和 Demsetz（1972）、Williamson（1975，1980，1990）、Klein（1978）、Jensen 和 Meckling（1976，1979）、张五常（1983）、Grossman 和 Hart（1986）、Holmstrom 和 Tirole（1989）、杨小凯和黄有光（1994）等众多学者的发展，成为 20 世纪以来最受关注的"企业理论"。

一、交易成本基本概念

成本是经济活动中一个不可忽视的方面，它是制度经济学和新制度经济学的分析基石，并在制度结构和人们的具体经济决策中起着重要作用。交易成本是指企业在经营过程中，除直接生产成本以外的一切费用。交易成本分为事先成本和事后成本。事先成本包括发现机会成本、签约成本、监督成本。事后成本是指合同履行的成本，即执行时的成本。

二、交易成本理论的核心思想

交易成本理论是研究如何使企业在自己的边界采取各种行为时生产成本和交易成本最小化的理论。因此，该理论对组织间关系中存在的风险进行了很多的分析，Williamson 强调组织间的关系，指出了组织间进行交易的基本条件和分析维度：

（1）有限理性。即人被认为"在主观上追求理性，但只能在有限的程度上做到这一点"（Simon，1961），这是因为人的理性受到信息传播能力、传播效率和接受信息能力等因素的影响，不具备做出充分合理决策的条件。

（2）机会主义的存在。Williamson 假设，人们在经济活动中总是最大限度地保护和增加自己的利益，欺骗性地追求利益，并不惜损人利己。人的机会主义的本性存在，增加了市场交易的复杂性。

（3）可供选择的厂商数量小。厂商数量小，竞争就不充分，这样机会主义就会产生，交易成本就增加。如果可供选择的厂商数量大，市场竞争充分，可选择的合作对象就多，就会减少机会主义，降低交易成本。

（4）不确定性。由于未来的不确定性，人又具有有限理性，在现实生活中人们不可能制定完备的契约。不确定性的东西越多，需要制定的条款就越多，这样交易成本就越高。

（5）交易的频率。交易频率是指一段时间内企业间的交易次数。一般来说，交易次数少，交易的双方缺乏信任，交易成本就高。如果交易双方交易次数多，彼此间就容易相互了解，增加信任，可以减少有限理性、机会主义和不确定性。

（6）资产的专用性。资产专用性是影响合作水平的重要因素。它包括厂址的专用性、物质资产的专用性和人力资产的专用性。从交易成本的角度看，交易双方对长期关系的投资，可以增加双方的信任，降低交易成本。

从上述的内容看，前两点是交易成本理论的研究假设，后几点是交易成本理论的分析纬度和工具。

三、交易成本与契约

（1）交易成本与契约。契约可以被简单地理解为一个合法的双边交易，新制度经济学强调不完全契约或关系型契约（Relational Contract），这种关系具有互动（Interdependence）的特征。正是这种特征，才使得不完全契约引发的各种成本问题具有代表性。

（2）交易的契约依赖。交易对契约的依赖主要表现在三个方面：

第一，维持交易正常运行。一般均衡理论中，整个交易的运作完全由市场机制调解。在现货交易条件下，双方的交易几乎在瞬时发生，因此交易多以自发为主；但是企业内部和企业之间复杂的跨期交易需要约束交易行为、界定交易方式，从而维持交易运行，这依赖于详细的契约条款规定。

第二，降低交易成本。为了减少市场运作中的交易成本，人们往往会运用组织契约安排来代替市场契约安排。更进一步，企业内部或者企业之间的交易成本也需要通过明确界定交易主体的行动规则，维持交易活动的正常运行，减少不确定性，从而避免成本上升，企业利益受损。

第三，引发交易制度框架的设定。

交易成本理论作为研究企业边界行为的理论，运用资产的专用性、不确定性和交易的频率等三个纬度，将交易分为多种类型。不同的类型采用不同的治理方式。它们是市场治理、关系治理和科层治理。市场治理适用于偶尔发生和重复发生的非专用性交易。科层治理则适用于重复发生、资产专用性程度很高的交易类型。关系治理是介于市场治理和科层治理之间的一种治理机制，其特点是交易双方在产权独立的前提下进行合作，如各种长期契约、互惠交易、特许经营等。

四、交易成本理论在本研究中的运用

在企业与中间商关系的研究中，信任是很重要的调节变量，根据交易成本理论，在交易关系中发生机会主义行为，是因为有限理性和不确定性。这些机会主义行为包括歪曲事实、推卸责任、欺骗以及其他微弱形式的不诚实行为（Williamson，1985），为了减少交易中的机会主义和不确定性，企业必须建立制度。信任作为关系营销的重要研究理论，信任的产生能够较好地抑制这种行为的产生。

第三节 社会交换理论

现代社会交换理论（Social Exchange Theory）是第二次世界大战后在西方社会学界逐渐兴盛流行的一种社会学理论，主要的思想来源是古典功利主义、古典政治经济学、人类学和行为心理学。

社会交换理论以心理学增强理论与现代经济学的基本概念为出发点，分析人类的行为和人际关系。其创始人 Homans 首次提出了个体层面的交换理论，随后 Blan 以及 Emerson 则将社会交换理论应用到社会制度和正式组织之间的交换行为。社会交换理论从社会行为的角度解释了交易双方为什么要建立和保持关系。

一、社会交换的概念

社会交换指的是协助性、自发性的行为，受到顾客知觉程度影响的一种交互作用过程。

无论是经济交换还是社会交换，交换涉及具有不同目的的主体双方，要使双方走到一起并交互作用，必须具备主观和客观方面的条件：①

（1）心理需要。交换双方具有各自的心理需要，如果双方没有交换的欲望，交换是不可能完成的。

（2）资源。交换的双方必须拥有各自的资源，这种资源既可以是经济性的，如资金、物品、劳动力；也可以是社会性资源，如声望、权力、偏好等。没有一定的资源是无法吸引对方同自己交换的。不同类型的资源形成不同类型的交换形式，如经济资源形成经济交换；也可以是经济资源与社会性资源的交换，如权力与金钱的交换。

（3）共同的价值标准。任何交换都需要双方具有共同的价值标准，货币形式的经济交换蕴含着对货币这一衡量标准的认同，如果不认同货币这一衡量标准，这种交换是难以完成的。在社会交换关系中，同样存在相同的价值标准，如礼仪性的或情感性的关系交往，就足以说明交往的双方有着共同的价值倾向。

（4）互利原则。关系双方在交换的过程中，必须保证双方获得利益。这一条件决定双方交换关系的成功或失败。事实上，在市场化程度很高的国家和地区，人们的交换行为或多或少带有一定的功利性，即希望在付出了自己的资源后，能够换回相同或更大的利益。

上述的四个方面包含了社会生活中一切交换关系形成的条件。

二、社会交换理论的主要观点

1. 交换行为理论

Homans 认为，交换行为的发生，对个人来说，是为了各取所需；对社会制度而言，交换行为则是满足其组织的要求。他提出，交换的双方只有在认为所交换的东西对自己是有利的资源时，才会持续地互动。否则，就会重新调整自己的策略，做出新的选择。

---

① 汪和建著：《经济社会学》，南京大学出版社，2000 年，第 199 页。

2. 结构交换理论

Blau（1964）曾指出，交换关系的建立基于对交换对方义务的投入，并相信他人会回报，也值得信赖。个人与某个个体友好交往，建立友好关系，并通过这种交往建立联系，而且他的承诺使对方相信他不会逃避他应该承担的义务，并且是值得信赖的。交换双方都可以从这种稳定的关系中获得利益。同时，做出较大承诺的一方会给对方带来一种特殊的好处，这种情形会给双方带来共同的利益与冲突，当冲突发生的时候，机会较少的一方会更加依赖这种交换关系。

结构交换理论不仅关注个人间的交换关系，还关注社会及组织权力的交换关系。Blau（1964）认为，交换可以产生两种社会功能：一是建立友谊；二是建立关系。总之，社会交换理论认为，社会行为基本上是一种互动的交换过程，是一种为了外在性报酬而发生的行为。同时，在交换的过程中并不总是等价交换，当不平等的交换发生时，就会产生权力和冲突。

怀特和莱文（1961）强调交换行为不仅仅是互惠的，核心是两个个体之间纵向的交换关系，它直接关注"给予—接受"的社会过程，是了解双方交换行为和心理的主要方式，合作关系中无形的信任交换和利益交换同等重要。

3. 人际交往理论

J. S. 阿达姆斯于1965年提出关于人际交往过程的理论，有两个组成部分：一部分说明在人际交往过程中，在权力不平衡的情况下，人际相互作用的特点；另一部分是较有影响的公平理论，在理论界引起反响。公平理论的基本思想与公平分配原理相近，指出人潜意识地认为自己的活动所得到的利益与自己的投入应达到一定比例。阿达姆斯把人的社会活动看做以自己的潜能同社会交换的过程，这一过程以个人期待公平结果为前提。期待公平是个人的内在愿望，他人的情况常常是个人确定公平标准的依据之一：当人们发现自己付出多获得少，或者获得多付出少时，就会体验到心理的紧张。阿达姆斯对人们在这种情况下的行为作了预测，并提出以下几种可能行为：（1）改变自己的付出量；（2）在活动中施加影响，

以改变他人的付出或获得；（3）选择不同的人作比较；（4）歪曲
对自己的付出和获得的认识，或歪曲对情境中被比较者的付出和获
得的认识；（5）离开当前的情境。

　　社会交换理论研究了其他理论没有考虑的关系行为问题，并强
调了权力和经济产出，给予交换更广泛的内容，交换的对象包括有
形的产品实体，还包括无形的产品，如信息等。这一理论还强调了
交换的心理利益（Kelley and Thibaut, 1978），对交换双方的心理
成本和利益进行清楚的表达，并对不符合心理预期的行动作出了行
为预测。其不足之处在于对关系产出方面的经济性产出研究不够。

　　社会交换理论强调基于奉献的交换，是从人际交往的角度研究
交换行为，强调社会关系在经济交往中的重要性，通过社会交往强
化双方积极的关系机制，从而保持双方持续的关系。

三、社会交换理论对本研究的意义

　　综上所述，社会交换理论有助于解释诸多的关系营销问题。社
会交换理论假设一个人之所以保持社会关系是因为他期望因此而带
来报酬。这种报酬可能是内在的，如在婚姻和社交活动中；也可能
是外在的，如来自同事的建议和邻居的帮助（Blau, 1974）。
Thibaut 和 Kelley（1959）定义了互动的结果为一个人所获得的报
酬和发生成本之间的差异。他们认为参与者试图使报酬最大化，成
本最小化。这里的报酬可以是欲求的有形的物体、心理上的愉悦或
者社会利益，而成本是没有预期的物质上或者心理上或者社会上的
惩罚。社会交换行为必须对关系双方带来回报。

　　从社会交换理论可知，企业通过各种关系结合方式，通过承
诺、信任、满意，激发中间商的自发行为产生。在社会交换中，一
方会带给另一方好处，即有互惠预期，但是并没有准确地表明预期
报酬，因此属于社会义务。任何为事先确定的报酬的努力将会产生
经济交易。社会交换要求参与者互相信任，也就是这个原因，社会
交换关系的发展是一个缓慢的过程，往往是从较低风险的小额生意
开始，建立一定的信任。信任是成功的社会交易过程中连接双方的
主要因素。

Morgan 和 Hunt（1994）认为关系承诺是关系营销的核心。虽然关系承诺在组织间关系的探讨中可以说相当新颖，但是它长久以来就是社会交换理论的核心议题（Blau，1964）。Cook 与 Emerson（1978）认为承诺的特征就是：一个我们认为可以区分社会性交换与经济性交换的关键变量。就关系而言，承诺是一个对于其他组织在当前关系利益与成本的考虑下的一个简单的、正面的评价。这隐含着采取长期导向的关系，也就是牺牲短期利益，并维持稳定与长久的关系进而以实现长期利益的意愿（Dwyer，Schurr and Oh，1987）。

此外，承诺被认为是建立长期关系的基本成功要素（Dwyer，Schurr and Oh，1987；Morgan and Hunt，1994）；也是一种建立一个具有价值之关系的持久性欲求（Moorman，Zaltman and Deshpande，1992）。在组织间、组织内各部门间以及人际关系间，承诺的本质就是稳定与牺牲。因此我们可以说承诺可以促使交易双方有发展一个稳定关系的欲望、能够牺牲短期的利益以维持彼此间的关系，并且相信彼此间的关系是稳定的（Morgan and Hunt，1994）。而 Moorman，Zaltman 与 Deshpande（1992）等学者认为只有在交易双方认为关系是很重要的情况之下，关系的承诺才会存在，为了维持长久的关系，交易双方将会更愿意努力经营彼此的关系。各种探讨关系之文献的一项共同的主题就是：交易双方把交易伙伴之间的承诺视为达成具有价值之结果的关键，同时，他们会在彼此关系中努力发展并维持这项珍贵的属性。因此，Morgan 和 Hunt（1994）认为承诺是公司与其各式各样的合作伙伴之间所有关系转换的核心。

在本书的研究中，社会交换理论是一个重要的研究基础。在企业关系研究中，经济关系的保持一直是人们研究的重点，研究发现，通过经济利益维持长久的关系，在市场竞争日益激烈的今天，不仅困难，而且成本很高。因为企业作为独立的主体，与顾客进行联系的时候，不仅有经济上的交换关系，而且还有人际交往中的各种情感付出和心理依赖产生，这是企业与顾客保持长期关系的重要方面，属于社会交换的层面，是一种互惠性的交换。因此，社会交换理论对研究双方关系的结合方式，起着直接的作用，对研究企业间的关系如何保持和协调有着重要的意义。

第 三 章

文 献 综 述

第一节 关系结合方式

企业与顾客建立长久的关系是关系营销的本质特征，是关系营销研究的基础和前提，也是企业获取竞争优势的重要来源。加强对买卖关系的管理被认为是企业取得成功不可缺少的部分（Wilson，1995）。

关系营销的目的是通过保持与顾客的长期关系达到双赢。但问题是关系营销在何种状态下实施最有效，也就是说，买卖双方采用什么样的结合方式（Bonds）效果最好，学者们对此进行了研究。1985年，杰克逊、唐尔布和韦尔森等人就已经提出，关系营销的本质是通过建立和强化买卖者之间的复杂关系，提高结束关系的成本，从而构筑有效的成本障碍达到留住顾客即锁定顾客的目的。1985年，杰克逊在《建立持久的客户关系》一文中对工业客户与卖主之间的"关系模式"进行了研究。他把工业客户与供应商的"关系模式"分为三种："总有一份"模式、"永远失去"模式和

"中间类型"模式。这三种模式的转换成本不同，营销者所采用的营销策略也会有所不同，则营销效率也会产生差异。因此，研究关系营销策略在顾客关系管理中的不同作用，哪种策略，即哪种关系结合方式能够保持顾客，就显得非常重要了。

一、关系结合方式的定义

所谓结合方式（Bonds）是由交往和互动的关系培养出来的一种心理、情感、经济或物质上的依附，并在关系交换的条件下，使关系成员紧密结合在一起（McCall，Turner，1970）。Liljander 和 Strandvik（1995）指出结合方式的本质在于，即使服务品质非常低时，结合方式可以防止顾客转换供应商。因此，结合方式可以被认为是一种强而有力的退出障碍或较高的转换成本，他提出了 10 种退出障碍，即法律、经济、技术、地理、时间、知识、社会、文化、意识形态及心理连接等。这些结合方式可以归纳为三种，第一种是财务性结合，如经济性连接；第二种是社会性结合，如社会，文化，意识形态，时间等；第三种则是结构性结合方式，包括法律、技术、地理、知识等。

综合学者们的研究，可以从关系结合的两层、三层和多层结合的角度进行分析。

二、关系结合方式的不同层面

1. 关系结合方式二分法

最早探讨关系结合方式的学者是 Turner。早在 1970 年，Turner 就从内部人员管理的角度，在实证研究的基础上将关系结合方式分为两种：人员性结合与任务性结合。Turner 认为，人员性结合是成员间在满意和信任基础上发展起来的一种紧密结合的社会关系，不带有经济性动机；任务性结合则是在买卖基础上形成的，其经济性和功利性倾向非常明显。

Williams，Han and Qualls（1998）根据企业间买卖双方的关系营销进行研究，将关系结合方式分成社会性结合（Social Bonding）和结构性结合方式（Structural Bonding）。

社会性结合方式与 Turner（1970）所称的人员结合（Personal Bonding）类似。通过组织成员的个人与社会关系，成员紧密地结合在一起，而对关系伙伴的信任与满意则在此扮演着很重要的角色。社会性结合主要强调非经济性的满足，并且随着彼此关系的持续发展，买卖双方间的关系嵌入（Enmesh）到社会交往中，这种关系日益深化，更加紧密、稳定。

结构性结合方式与 Turner（1970）所称的任务性结合（Task Bonding）类似。由于买卖双方在经济性、策略性、技术性目标等方面的互利，双方的关系达成某种程度的紧密联系，例如，提供对方较高水准的专门技术、较低的价格、较高的转换成本、较佳的合作前景以及最需要的核心产品与服务等。

2. 关系结合方式三分法

IMP 小组在研究互动关系时，认为关系的结合可以从三个层面进行分析，即有三种结合方式：

第一种结合方式是活动结合，买卖双方的关系建立在一系列活动的基础上，（也可以把它看成是组织间为达到一定的目标而进行的组织活动模式）。这些活动或紧密或松散地连接双方的内部行为，是一种内部协同方式，双方可以通过关系交往，对各自的行为进行调整，彼此适应。调整既可以看成是关系内部企业（供应商）与顾客之间共同从事的活动，如信息交换、运输，付款等，也可以看成是他们各自的活动如供应商的业务流程再造（Hakansson，1982；Turnbull and Valla，1986；Johanson，Mohamed）。很显然，这个层面的活动结合方式是以双方进行结合的基础——共同的业务为条件的，并影响双方的绩效产出。

第二种结合方式称为资源连接。买卖双方通过资源联系在一起。这种资源一方面用于交换，在供应商与顾客之间进行转移；另一方面则通过其他的方式进行互惠式利用。因此，关系是以某一特定的资源连接在一起。这种以资源为纽带进行的连接，能够帮助企业在互动的过程中，充分利用现有的资源，并且能够创新资源的生产和应用（Von Hippel，1988；Hakansson，1989）。站在资源的角度，关系本身也是一种资源，也能够为企业带来价值，尤其是顾客关系资产价值已经被业界所公认。关系在企业获取竞争优势方面具有特别重要的作用（Hakasson，1991），是竞争对手难以复制和模仿的重要资产，对企业绩效有重要的作用。

第三种结合方式是参与者连接。随着买卖双方关系的发展，双方之间联系的建立，形成参与者连接。参与者连接影响关系双方如何感知、评价和处理与另一方的关系。参与者连接具有社会关系的性质，企业以及个人情感因素的发挥对关系双方的行为有重要影响。

IMP 小组对关系结合的分类是从业务活动、资源和参与者三个层次进行的。

在 Turner 的研究基础之上，Berry 和 Parsuraman（1991）及 Berry（1995）则将关系结合方式归纳为三种：

（1）财务性结合（Financial Bonds），主要是指营销人员提供价格上的诱因，来鼓励顾客为企业带来更多的生意，以确保顾客忠诚度的一种结合方式。该策略被认为是用来刺激顾客经常购买的一种形式。例如：制造企业对经常大量购买的顾客实行价格折扣；银行经常对其大客户或长期客户提供利率的优惠、航空公司累积里程的酬宾计划等。

然而这种以价格作为竞争工具的营销手段，其顾客忠诚度并不高，被学者称之为伪忠诚。因为只要竞争对手采取价格战，提供的利益高于该企业，顾客就会为取得自身价值的最大化投向竞争者的怀抱。由于这种结合方式最容易被竞争者模仿，故竞争优势不易持久。

（2）社会性结合（Social Bonds），主要是通过个性化的（Personalized）的服务方式与顾客建立社交关系（例如邮寄感谢函给顾客），强调营销人员和顾客保持密切联系，了解顾客的想法和需要，进而为顾客提供个性化的服务，将顾客（Customer）转变成客户（Client）。社会性结合方式主要是依赖社交性的束缚力，建立和维持个性化（Personalization）与定制化（Customization）的关系，其常用的方法是，主动接触顾客，了解和评价顾客的需求，寄送贺卡及赠送小礼品给顾客等，提供亲密而贴心的个性化服务，让顾客感到放心。社会性结合更多的还是从人际关系的角度，通过加强企业与顾客之间的情感交流，加强企业与客户之间的长期关系。

但 Crosby 和 Stephens（1987）认为，社会性结合通常无法克服无竞争性核心产品（Noncompetitive Core Product）弱点，如公司的产品太差或价格太贵时，社会性结合的力量是有限的，但它却能够在竞争差异不强烈的情况下，导致顾客忠诚。另外也可使顾客在公司提供服务失败时有较大的容忍度，或使顾客给予该公司一个机会去回应其他公司的竞争，以保持原有顾客。

（3）结构性结合（Structural Bonds），结构性结合主要是指为顾客提供附加的价值，并且该价值无法从其他的供应商处获取，以提高中间商的转换成本的一种方式。对竞争者而言即使花费相当的时间与成本也不易仿效成功，可以说中间商就在结构上被公司绑住了，此种结合方式能为企业创造长期的、实质性的竞争优势（Berry，1995），这种竞争优势的直接表现就是顾客忠诚。

这些附加值的服务经常是以技术为基础，来提高顾客的效率与生产力。这些增值服务能够提高顾客对重要问题的结构化解决能力，它已经设计在企业的服务传送系统中，并不需要依靠服务人员的传递。也就是说结构性结合将顾客与企业联结在一起，而非强调与个别人员进行结合，主要的原因在于个别服务人员可能有一天会离开公司，尤其当面临激烈的价格竞争时，采用结构性结合比采用社交性结合更能够帮助企业强化非价格机能，增加企业的竞争力，有效巩固企业与顾客之间的关系。如 Federal Express 提供顾客电脑货物追踪系统，让顾客省去许多时间与金钱，更坚固顾客对该公司的忠诚度（Lovelock，1994）。

Morris, Brunyee and Page（1998）则整理过去相关研究，并描述"关系"的 23 个主要变数，其中有关结合（Bond）的变数共分三种：法律性结合（Legal Bond）、结构性结合（Structural Bond）以及社交性结合（Social Bond）。法律性结合是以契约或条款来明确彼此的权利与义务；结构性结合则是在供需双方的作业系统之间建立正式的联结；社交性结合则指供需双方的人员之间发展出个人关系或社交关系。

Armstrong 和 Kolter（2000）提出营销人员可使用多种营销工具来发展与消费者更深厚的联系。其所提出的方法和 Berry，Parasuraman（1991）及 Berry（1995）的财务性、社会性及结构性的关系结合方式相同。

第一种方法是公司增加财务上的利益，对顾客关系建立价值与满意。例如，超级市场提供大宗购物现金红利、航空公司提供频繁旅客方案、旅馆提供常客订房升级的服务等。

第二种方法则是在财务利益之外也增加社会利益。企业要了解个别顾客的需要及欲望，以提升与顾客间的社会关系，然后将所提供的产品及服务个人化。例如：Ritz-Carlton 的员工，在任何时候只要可能，都以姓名称呼顾客，给予热情的问候，并且将顾客的特殊偏好记录下来，以便在顾客再度来访时做好准备，让顾客有宾至如归的感觉。

第三种建立顾客关系的方法是在财务和社交利益外，增加结构性关系。例如：一位营销经理可提供给顾客特别的设备或电脑连线来帮助他们管理订单、薪资账册或存货。

在《买者-卖方（销售者）关系：契约、关系管理和性别类型》一文中，作者同样也给出了三种结合方式：

（1）功能结合方式。功能结合方式是经济的多样性成果，或者能够提高关系持续性的有用联系。作为一种任务结合，Turner（1970）描述，功能契约是经济的、战略的、技术的（知识或者信息），是来自于交换组织的、有帮助的利益（产品或服务）。这些利益在与可替代的关系相比较时进行评价，要么是经历过的要么是猜想的。因此，功能契约吸收了对给定的可替代者的比较水平的交换理论概念（Thibaut and Kelly，1959）。Han（1992）和 Wilson（1992）描述了这些结合作为结构结合的意义，团体在组织上被关系利益连接起来。然而，组织利益的联系在概念上与契约性的或者组织之间的实体联系非常不同，这同样能够将组织束缚在一个关系之中。我们认为后面的一些联系更可能是结构性的而不是功能性的。

（2）社会性结合方式。社会性结合是在工作的相互影响中形成的个人关系或者联系（Turner, 1970）。他们包括私人友谊的程度，买者和卖方爱好的分享（Wilson, 1995），以及在自我宣泄中个人性格的连接，亲密性，提供支持或建议，具有同情心和责任感，对参加、接触或社交关系的感觉，经验的分享（Turner, 1970）。

（3）结构性结合方式。结构性结合是关于在一个关系中结构的联系、管理和制度规范。规定、政策、步骤或者协议为关系提供了一个正式的结构。组织的系统和技术，例如电子邮件或电子数据交换能够提供心理的、法律的和实体的联系，将组织粘合在关系之中，并且很难去考虑其他交换组织。

3. 关系结合方式多分法

Kolter（1992）则依据企业市场顾客的多寡和本身欲获取的利润来决定与顾客维持关系的深浅，将关系结合方式分为五类：

（1）基本型结合：企业销售人员只是简单地出售商品。

（2）反应型结合：销售人员出售产品，并鼓励顾客，如有什么问题或不满就打电话到公司。

（3）可靠型结合：销售人员在销售后不久就打电话给顾客，了解产品是否与顾客的期望相吻合。销售人员还可从那儿征集各种有关改进产品的建议以及产品的任何不足之处。这些信息有助于企业不断改进它的产品。

（4）主动型结合：公司销售人员经常与顾客电话联系，讨论有关改进产品用途或开发新产品的各种建议。如卡夫公司在美国的销售代表过去常常限制其中间商促销的努力，而现在他们更主动地开展活动，提供研究资料以帮助改善商店利润。

（5）合作型结合：公司与顾客一直合作，以找到影响顾客花钱方式或者帮助顾客更好地行动的途径。

Liljander 和 Strandvik（1995）将结合方式定义为"锁住顾客与服务提供者之间关系的退出障碍"，这些障碍可能是一种法律、经济、技术、地理、时间、知识、社会、文化、意识形态及心理的连接。详细内容见表3-1列出的10种连接形式及其举例说明。

表 3-1   关系结合的 10 种方式

结合方式	举例说明
法律结合	顾客和服务提供者之间的契约（如电话公司、有线电视、电力、瓦斯和银行服务业等）
经济结合	资源的缺乏可能会迫使顾客去购买符合顾客本身预算的服务，而价格的降低是建立在关系基础上的
技术结合	特定品牌的购买需要特定经销商来维修，需要使用制造商或零售商的原厂备用零件
地理结合	距离较远或缺乏交通工具，只能从少数的服务提供者处购买所需服务的可能性
时间结合	一个服务提供者会被使用，是由于适度营业时间或弹性的预约系统。顾客会被服务提供者设定的营业时间所限制（例如，托儿所时间为上午八点至下午四点，办公时间和午餐时间的限制）
知识结合	顾客会与知道其医疗病史的医生建立关系，员工了解顾客可促进交易，所以顾客和银行职员的关系可能是很牢靠的，在其他方式上同样可行。所以顾客可以获得有关服务提供者的知识（例如，顾客了解笔迹的目的是为了减少不确定性）
社会结合	顾客与服务人员彼此非常熟悉，易于接触，且相互信任（顾客可打电话告知银行处理所需服务，而不必亲自跑一趟银行）
文化结合	顾客可从次文化中认清自己（如语言、祖国），会和某些公司或某地制造的产品有较强的关系
意识形态结合	由于某些个人价值的因素，顾客会倾向于喜爱某些服务提供者（例如，绿色产品，避免某些公司破坏大自然，支持母国产品）
心理结合	顾客是被某服务提供者的优越所说服（如品牌形象）

资料来源：Liljander, V. & T. Strandvik, 1995, The Nature of Customer Relationships in Services, Advances in Services Marketing and Management, Vol. 4, pp. 141-167, JAI Press.

作者在文章中从关系管理的角度，探讨了不同的关系结合方式对关系品质的影响，认为不同的关系结合方式其影响程度是不同的。

4. 关系结合方式的研究小结

综合以上相关学者所提出的各种关系结合类型，我们总结以下几点：

第一，学者们对关系结合方式的探讨主要集中在使用不同的关系营销策略时，产生的效果是不同的，这种策略具有层次性，它由经济上的利益诱惑，发展到社会层面，最后提升到了制度、契约层面。这种分析的构架给我们提出了研究关系的一个新的视角（或维度）。

第二，在学者们的分类中，主要概括为这样几种结合方式：从两分法看，Turner（1970）Williams Han 和 Qualls（1998）只是从社会结合和结构性结合的角度进行了探讨，没有考虑经济性结合，而经济性结合是企业间关系的基本点，去掉经济利益方面的连接，显然，二分法就不够完善了。其他持三分法的学者，对关系结合方式的比较一致的意见是从社会性结合和结构性结合的角度进行探讨。但在另一种结合方式上，有的学者从企业的任务角度，有的学者从功能的角度，有的从财务的角度等不同方面建立连接。这几种结合方式，从不同的角度诠释了关系的结合层面。功能性结合，所包含的内容涉及企业的任务，还包括有些制度层面的内容，很难完全将其完整地界定为功能性的任务，即便是这样的分类，我们认为，任务性结合和功能性结合也还是基于经济利益的目的进行的结合，同样也可以归类到财务性结合。

而 Berry and Parasuraman（1991）及 Berry（1995）的三种分类，涵盖多数学者所提出看法，也比较完整，符合企业对外联系的规律，即企业间的联系首先是经济上的，其次才是社会性的，企业如果要建立持续长久的关系，必须建立结构性结合的方式。因此，我们在以后的研究中，沿用这种分类方法。

第三，根据上述可知，每一种关系结合方式对公司都有某种程度的影响，而现实中，三种皆采用的企业也有，但对制造商与中间商来说，何种关系结合方式较为有效，则是一项值得进一步探讨的问题，因此本研究将参考上述的架构，探讨不同的关系结合方式对中间商行为的影响。

第二节　关系品质

一、关系品质的概念

目前在关系营销的研究中，理论界对关系品质内涵的界定还没有达成共识，营销学和社会心理学等研究领域都有相关文献出现。在现有的文献中，多数学者对关系品质的定义都参考了 Crosby 等人在 1990 年基于零售业背景给出的关系品质定义。从人际关系角度出发，Crosby 等人认为，关系品质就是顾客在过去满意的基础上，对销售人员未来行为的诚实与信任的依赖程度。

关系品质是由许多正向关系结果所组成的高阶构念（High-order Construct），反映出关系的总体强度以及满足顾客需要及期望的程度（Smith，1998a.）。Hennig-Thurau 和 Klee（1997）认为，关系品质如同产品品质，可被视为在满足顾客关系需求上的迫切程度。通常是关系品质越高，顾客对于与企业间的互动关系感到越满意，并认为该企业值得信任，进而对双方进一步的关系给予承诺。

另外，Gummesson（1987）认为关系品质是企业与客户互动关系的质量，是客户感知质量的组成部分，高的关系品质能够引致客户对质量的正向感知，并构建双方的长期业务关系。Liljander 和 Strandvik（1995）在 Crosby 等人研究的基础之上，根据顾客感知的特点，详细界定了情节与关系的含义，将服务行业中的关系质量定义为顾客在关系中所感知到的服务与某些内在或外在质量标准进行比较后的认知评价。

也有学者对其他背景下的关系品质进行了探索。Johnson（1999）将营销渠道成员之间的关系品质解释为成员关系的总体深度与气氛。而 Holmlund（2001）则在前人研究的基础上，提出了更具适应性的 B2B 情境下的关系品质定义。他指出："感知关系品质是指商业关系中合作双方的重要人士根据一定的标准对商业往来

（效果）的综合评价和认知。"该定义是依照商业伙伴之间的人际关系感知来确定双方的关系品质，这不仅在方法上与 Crosby 等人（1990）的定义类似，在研究思路上也承袭了 Liljander 和 Strandvik（1995）的顾客感知评价（刘人怀和姚作为，2005）。此外，与上述作者的行业性定义不同，Hennig-Thurau 和 Klee（1997）认为，关系品质一般被看做关系对顾客的关系型需求的满足程度，又可以归结为顾客对营销者及其产品（涵盖服务）的信任和承诺。这一关系质量概念沿袭了 Morgan 和 Hunt（1994）有关成功关系特征的描述。

国内学者刘人怀和姚作为（2005）综合众多学者对关系品质内涵的认识，给出了以下定义：作为感知总质量的一部分，关系品质是关系主体根据一定的标准对关系满足各自需求程度的共同认知评价。其实质就是指能够增加企业提供物的价值，加强关系双方的信任与承诺，维持长久关系的一组无形利益。

根据国内外学者对关系品质概念的研究情况（详见表3-2），本书中的关系品质是指商业关系中，中间商对制造商的整体感知质量满足需求的程度的一种认知价值的评价。其研究的维度是满意、承诺、信任。通过这些维度的实施，维持长期的关系。

表3-2　　　　　　　　　　　关系品质概念研究回顾

作者	定义	关系种类
Crosby, Evans & Cowles (1990) Crosby (1991) Crosby & Stephens (1987)	高关系品质意味着顾客能够依赖销售人员的诚实，并且对未来绩效充满信心	服务关系（人寿保险领域）
Dwyer & Oh (1987)	关系品质体现在对交易伙伴满意、信任和最小化机会主义之中	营销渠道中的买卖关系
Gummesson (1987)	关系品质是用于"强调对买卖关系技巧化处理，是顾客感知质量的一部分"时所形成的一个概念	一般方法

续表

作者	定义	关系种类
Storbacka, Strandvik & Gronroos（1994）	动态的关系品质视角，与服务质量、顾客满意、关系强度、关系长度、关系赢利能力等概念相关	服务关系
Liljander & Strandvik（1995）	关系品质是顾客在关系中所感知到的服务与某些内在或外在质量标准进行比较后的认知评价	服务关系
Stahl（1996）	关系品质是一种基于期望和经历的顾客准备状态，这种期望和经历影响着与买卖关系的目标和形势相关的边界作用人的活动	一般方法，集中于 B2B 关系
Hennig-Thurau & Klee（1997）Klee & Hennig（1996）	关系品质通常可以被看做满足与那种关系相联系的顾客需要的关系适宜性程度	一般方法
Dorsch, Swanson & Kelley（1998）	关系品质是一个包含信任、满意、承诺、最小化机会主义、顾客导向、道德形象的较高构念	买者-供应商关系
Smith（1998）	关系品质是一个由大量积极关系产出组成的较高级构念，这些产出反映出关系的总强度和适应伙伴需要和期望的程度	一般方法、服务领域
Johnson（1999）	关系品质是成员关系的总体深度与气氛	营销渠道成员关系
Holmlund（2001）	感知关系品质是指商业关系中合作双方的重要人士根据一定的标准对商业往来（效果）的综合评价和认知	B2B 关系

续表

作者	定义	关系种类
刘人怀和姚作为（2005）	作为感知总质量的一部分，关系品质是关系主体根据一定的标准对关系满足各自需求程度的共同认知评价	一般方法

二、关系品质的构面

关于关系品质的构面，目前没有一致的定论（Kumar，Scheer & Steenkamp，1995）。Storbacka，Standvik 和 Gronroos（1994）在其研究中虽未界定关系品质的构面，但提出了相当类似的概念，包含顾客满意、关系强度、关系寿命及关系获利性等。

有学者从两个方面提出关系品质的构面，如 Grosby，Evans 和 Cowles（1990）、Lagace，Dahlstrom 和 Gassenheimer（1991）、Wray et al.（1994）、Leuthesser（1997）等认为关系品质是由"信任"与"满意"两个构面组成的，信任是指对销售人员的信任（如 Swan 等，1985），而顾客满意是指对销售人员的满意（如 Crosby 和 Stephens，1987）。

也有学者从三个方面来解释关系品质，如 Dwyer 和 Oh（1987）、Kumar（1995）、Dorsch（1998）、Smith（1998a，1998b）、Wult et al.（2001）认为关系品质是由"满意"、"信任"、"承诺"三个构面所组成。Hennig-Thurau 和 Klee（1997）则认为关系品质应包括整体品质的认知（Overall Quality Perception）、信赖和承诺三个构面。

还有学者认为关系品质包含五个构面，如 Kumar，Scheer 和 Steenkamp（1995）认为关系品质应该包括信任、承诺、冲突、持续的期望和投资的意图等五个构面。

而 Holmlund（2001）则认为，关系品质涉及关系过程和结果两个领域，每个领域又包括技术、经济和社会三个维度。Holmlund 将技术维度进一步分为：过程类型（设计、生产、库存控制、运输、维修与补救等）、过程特性（可靠、创新、能力的使用、速度、有形资源的使用、灵活与安全）与技术结果（可靠性、创新性、一致性、美观性与耐久性）等三个子维度。在社会维度中，结果被分为个人（感染力、信任、相知、尊敬、亲和力与喜悦）与企业（内部凝聚力、吸引与信任）两个层次。过程的子维度则与个人结果的子维度完全相同。在经济维度中，结果按成本收益被区分为关系利益（具有竞争力的价格、规模、边际利润、生产率提高与隐性关系奖励）与关系成本（直接关系成本、间接关系成本与隐性关系成本）两个部分；而过程则被分为定价、成本计算和生产率三个子维度。

国内学者刘人怀和姚作为（2005）综合众多学者对关系品质构面的认识，认为关系质量包含过程与结果这两个涉及关系价值创造活动的竞争领域，而关系质量的维度应该更多地从社会交往的角度，根据不同研究行业来具体选择。但不论在什么行业背景下，信任、满意与承诺均是主要的关系质量维度。

根据国内外学者对关系品质构面的研究情况（详见关系品质构面研究回顾表3-3），结合本研究的主题，即关系品质与中间商的自发行为的关系，其研究的内容主要还是从人际关系的视角进行的，而且，满意、信任、承诺三者呈递进关系。因此，本研究认为，满意、信任、承诺的构面划分较好地概括了关系品质的内容，具有一般代表意义，所以在本书中的关系品质是一个包含满意、信任和承诺三个构面的高阶构念。下面将详细讨论这三个构面的相关研究。

表 3-3　　　　　　　　　　　　　　关系品质的构面研究回顾

学者及研究时间	关系品质的构面
Dwyer and Oh（1987）	满意、信任、减少机会主义行为
Crosby et al.（1990）	顾客对销售人员的满意和信任
Lagace et al.（1992）	对销售人员的信任和满意

续表

学者及研究时间	关系品质的构面
Moorman et al.（1992）	感知交互质量、研究者参与研究活动的程度、关系承诺
Wray et al.（1994）、Bejou et al.（1996）	对销售人员的信任和满意
Storbacka， Strandvik & Gronroos（1994）	满意、承诺、沟通和联系
Kumar et al.（1995）	冲突（包括情感冲突和显性冲突）、信任、承诺、投资意愿和持续性期望
Stahl（1996）	准备状态、顾客期望状态和体验状态的关系质量
Hennig-Thurau、Klee（1997）	信任、承诺、产品或服务相关质量
Dorsch et al.（1998）	信任、满意、承诺、机会主义、顾客导向、道德方面
Smith（1998）	信任、满意和承诺
Michael J. Dorsch et al.（1998）	信任、满意、承诺、最小机会主义、顾客导向和道德方面
Sandy D. Jap et al.（1999）	信任、冲突、不接触和连续性的期望
James S. Boles et al.（2000）	顾客对销售人员的满意和信任
Hennig-Thurau（2000）	产品相关感知质量、信任、对关系的承诺
Kim et al.（2001）	承诺
Keith Roberts et al.（2001）	对诚实的信任、对友善的信任、承诺、情感冲突、满意
Holmlund（2001）	技术、社会与经济三个维度
Woo Gon Kim et al.（2002）	满意、信任
Parsons et al.（2002）	承诺、共同目标和关系利益
刘人怀和姚作为（2005）	不论在什么行业背景下，信任、满意与承诺均是主要的关系品质维度

1. 满意（度）（Satisfaction）

在过去几十年的研究中，企业与中间商关系（渠道成员关系）一直是市场营销研究中的一个重要领域。早在 1975 年，Robicheaux 与 EI-Ausary 就提出，满意度是渠道成员关系中的一个重要、基础性的概念。

早期对满意的研究中，学者们从不同的角度对满意进行了定义。大多数学者是从满意的形成过程角度来定义，强调企业如何做才能保证顾客的满意。也有从心理的角度来定义满意，如学者们认为满意是顾客对产品的期望与实际绩效之间的差距进行的一种评价（David K. Tse 和 Peter C. Wilton，1988；Richard L. Oliver，1980）。Oliver（1997）指出，顾客满意是顾客的需求获得满足后的一种心理感知，是指一个人通过对一种产品的可感知效果与他的期望值相比，所形成的愉悦或失望的感觉状态。这种观点得到了普遍的认同。

此外，在对满意的研究中，Anderson，Formell 和 Leharm（1994）根据时间的长短提出了交易型满意和累计型满意。交易型满意是指顾客对最近一次的交易行为的评价，是及时的、短期的。累计型满意是指随着时间的推移，顾客对某一产品或服务的全部消费经验的整体评价。累计型的满意是建立在长期的基础上，是对企业的过去、现在及未来的评价，它不仅涉及产品或服务本身，而且还与企业的形象、企业文化等方面有关。

在买卖关系中的顾客满意常被定义为"一个厂商对另一个厂商之工作关系的全面评估，产生了一个正面情感的状态"（Frazier，Gill and Kale，1989；Gaski and Nevin，1985；Anderson and Narus，1984）。Schul，Little 和 Pride（1985）将满意度定义为"个别渠道成员对通路组织之显著层面的情感反应"，对交易伙伴绩效的满意将影响长期关系的可能性和品质。同时他们也指出，大多数衡量渠道满意度的研究都无法明确地定义它，且一般都依赖单一的构面来衡量这个构念，有关渠道成员关系中满意度的定义研究见表 3-4：

表 3-4　　　　　　　　　渠道成员关系中满意度的定义研究

年份	研究学者	满意度的定义
1964	Vroom	指渠道成员在交易关系中,所具有的感觉或情感反应,可以表现在整体性或个体性之上。
1972	Price	在渠道系统中,成员对其组织所产生的情感反应。
1975	Seashore and Taber	指渠道成员对于渠道互动关系及交易行为在心理上及报酬上的满意程度。
1984	Ruekert and Churchill	包含渠道成员(焦点组织)与渠道中另一机构(目标组织)之关系的所有特性范围,包含奖赏、获利、帮助和满足或沮丧、问题、约束和不满意等。
1985	Schul, Little and Pride	渠道成员对组织的内部环境及成员在渠道安排时与其他机构的关系特性范围有关的情感态度和感觉。
1989	Frazier, Gill and Kale	渠道成员对渠道关系的全面赞同。
1990	Anderson and Narus	厂商对工作关系全面评估后,所导致的情感状态。
1995	Shamdasani and Sheth	渠道成员对于双方关系之全面评估后的满意程度。
2000	Geyskens and Steen-kamp	渠道成员与另一厂商之工作关系的全面结果评估,包含经济和社会的结果。

　　Geyskens, Steenkamp 和 Kumar (1999) 为了解决过去满意度衡量不一致和满意度实证研究变量的不同等问题,通过渠道成员满意度文献的回顾研究,发现满意度并非仅是一个单一的构念 (Construct),发现采用经济结果为主的满意度和社会观点的研究结果有实质上的差异,因此认为可将渠道成员的满意度区分成经济满意度和非经济满意度。

Geyskens 和 Steenkamp（2000）在对满意度的进一步研究中指出，可将满意度区分为"经济满意度"（Economic Satisfaction）和"社会满意度"（Social Satisfaction）。

经济满意度是指渠道成员对于来自其伙伴关系的经济报酬（如销售量、利润和折扣）所产生的正面情感反应。依据 Geyskens，Steenkamp 和 Kumar（1999）的说法，"一个经济上满意的渠道成员认为关系的成功和目标达成有关。对与伙伴关系所产生的整体效能、生产力及财务结果感到满意"。

社会满意度是指渠道成员对其社会心理层面关系所产生的正面情感反应，渠道成员对关系的社会结果感到满意，感谢伙伴与其往来，并喜欢与其伙伴在个人水平上一同工作，因为相信伙伴会关心、尊重自己并愿意交换意见"（Geyskens，Steenkamp and Kumar，1999）。

本书主要是对渠道成员关系品质进行相关研究，并将关系品质作为中介变量，所以将满意定义为渠道成员对双方关系进行全面评价后产生的感觉或情感反应，包括经济满意度和社会满意度。

2. 信任（Trust）

信任不仅是关系成功的一个必要因素（Berry，1995；Dwyer，Schurr 及 Oh，1987；Morgan 及 Hunt，1994），也是长期关系的基石（Spekman，1988）。有关信任的探讨，最早开始是心理学家和社会学行为学家，他们研究信任对于人际关系的影响，指出信任就是一个人相信另一方或是相信双方关系的程度。

在关系营销的研究中，许多学者在研究关系品质时，将信任作为一个重要的中间变量加以讨论（Morgan and Hunt，1994；Ganbarino and Johnson，1999；Geyskens，Steenkamp and Kumar，1998），并且已经认识到信任在商业关系中发挥重要的作用（Hakansson and Snehota，1994；Gronroos，1990；Morgan and hunt，1994）。

Golembiewski 及 McConkie（1975）指出，没有一项变量可以像信任这样深刻地影响人际间与组织间的行为。Berry（1996）基于信任固有的服务本质，将信任定位为组织可获得的最强大的关系营销工具。Urban, Sultan 及 Qualls（2000）认为，信任是建立长期顾客关系和较高市场占有率的必要因素。而 Reichheld 及 Schefter（2000）认为，在获得顾客忠诚之前，必须先得到他们的信任。

渠道成员间信任关系的产生，是在双方关系的演进中逐渐形成的，是基于一系列预期之上的，双方根据预期的结果，察觉出对方应承担的责任。Anderson and Narus（1990）指出，一旦确立了信任关系，企业共同努力的结果将超过建立在自身利益最大化行为上的结果。

有关信任的概念，目前学术界还没有一个统一的界定，但学者们对信任从不同方面进行了探讨。有的从意愿的角度，如 Anderson 及 Narus（1990）认为，信任是组织相信另一家公司所采取的行动对于组织而言会是一个正面的结果，而不会采取令人意外的行动导致负面的结果。Moorman, Zaltman 及 Deshpande（1993）对信任的定义是，对其交易伙伴深具信心而愿意依靠对方之意愿。Rousseau, Sitkin, Burt 及 Camerer（1998）等人认为，信任是因为对于他人行为意图有正向的预期，而愿意将自己置于易受伤害而敏感的处境的心理状态；Garbarino 及 Johnson（1999）认为，信任是顾客对于组织所提供服务的品质与可靠度的信心。

也有学者从义务的履行、风险的承担对信任进行定义。Deutsch（1962）认为，信任是一种对别人增加自己弱点的行为，即信任是一种不具防御的行为。如果某个体对未来的事物具有高度的不确定性，致使他必须借自己的能力来增加对未来事物的确定性，信任由此产生（Coleman，1990），也就是说，信任是信任方愿意承担未来行为的不确定性以及由此带来的结果（Johnson-George 和 Swap，1982；Kee 和 Knox，1970；Mayer et al，1995；Morgan 和 Hunt，1994）。

在交易成本理论研究中，学者们认为信任对降低交易成本有重要影响（Anderson 和 Narus，1990）。Beccerra 和 Gupta（1999）分析了缺乏信任的负面影响和高信任关系的积极结果。他们观察到在低信任关系中会出现较高的交易成本和代理成本。比如，一个经理花费在处理低信任关系上的时间和精力，比花费在处理高信任水平关系上的高得多。相反，高信任的关系伙伴会更加公开地交流和愿意承担风险。他们也指出如果不信任的问题减少，总体绩效会得到增强（Beccerra 和 Gupta，1999）。

在渠道关系的研究中，Morgan 及 Hunt（1994）认为，信任是对交易伙伴的信赖（Reliable）与正直（Integrity）的信心。Anderson 及 Narus（1990）认为，信任是组织相信另一家公司所采取的行动对于组织而言会是一个正面的结果，而不会采取令人意外的行动导致负面的结果。在组织理论的文献中，学者 Mcknight 及 Commings（1998）将信任定义为，一方不但相信并愿意去依靠另一方。Dwyer 及 Lagace（1986）认为信任是一种相信、信心和对交易伙伴的期望，它是未来行为的依据。

关于信任的构面，Barber（1983）认为顾客预期被信任的对象具备以下两个特性：

第一，在技术上具备高绩效表现的能力。

第二，能够履行其义务，承担其责任，并能将"维护顾客利益"放在"维护自己利益"之前。

Ganesan 及 Hess（1997）对信任提出两个构面：

（1）信用（Credibility）：履行承诺的能力与意图。

（2）仁慈心（Benevolence）：愿意牺牲自己的利益而维持对方利益的仁慈心。

Sight 及 Sirdeshmukh（2000）认为建立消费者的信任必须具备以下两个条件：

（1）能力（Competence）：企业能够以可靠而诚实的方法达成其对于顾客的承诺。

（2）仁慈心（Benevolence）：企业将维护顾客利益置于维护自身利益之前的可能性。

Sirdeshmukh，Singh 及 Sabol（2002）提出了以下三个构面：

（1）操作上的能力（Operational Competence）：有能力去执行可见的行为，是一种行动的指示，如反应速度。

（2）操作上的仁慈心（Operational Benevolence）：厂商具有将顾客利益置于自身利益之前的潜在动机。

（3）解决问题导向（Problem-solving Orientation）：顾客对厂商的评价及预测和企业圆满解决问题的管理动机。

在上述的研究中，信任是利用社会交易理论中互惠原则，反映对他人行为的正向期望，信任与承诺、相互依赖有关。本书同意Morgan 及 Hunt（1994）的看法，认为信任是存在对交易伙伴的信赖（Reliable）与正直（Integrity）的信心的概念。

3. 承诺

承诺在交换关系的研究中，尚属于较新的概念，它包含在社会交换、婚姻与组织中（Morgan 及 Hunt，1994）。承诺是指在交换关系中有意愿延续彼此间之关系，且愿意为维持长久且良好关系的作最大的努力。承诺是关系营销中极重要的一部分，也是成功维持长期关系的必要因素（Dwyer，Schurr 及 Oh，1987）。信任导致承诺的发展，而承诺进而对顾客行为产生影响。

"关系承诺"一词是学者 Dwyer，Schorr 及 Oh（1987）最早引进营销领域的，他将承诺定义为交易伙伴关于对保持长期合作关系的一种保证。也有人认为是一种有价值的关系（Moorman，Zaltman 及 Deshpande，1992）。Morgan 及 Hunt（1994）定义关系承诺（Relationship Commitment）为交换伙伴相信与另一方维持持续的关系是很重要的，并以最大的努力去维持关系。因此，承诺者相信彼此的关系是值得维系的，并且能忍受不确定性。Wilson（1995）认为承诺代表着交易伙伴关系的重要性以及想要在未来仍持续此关系的欲望，他认为承诺是衡量未来关系的重要变量。

Anderson 及 Weitz（1992）认为，承诺包括发展稳定关系的欲望、愿意以短暂的牺牲换取关系的维持及对关系稳定的信心。Liljander 及 Strandvik（1993）认为，承诺是双方对于未来皆有行动的意图与互动的态度。Mohr 及 Spekman（1994）认为，承诺为合作伙伴会克服不可预料的问题，并致力于建立未来关系的导向。各学者对于承诺的定义汇总如表 3-5 所示。

表3-5   承诺定义的相关文献汇总表

作者	定义
Dwyer, Schorr & Oh（1987）	承诺为交易伙伴对于合作关系之持续的外显或隐含的保证
Moorman, Zaltman & Deshpande（1992）	承诺是持续性地期望维持一个具有价值的关系
Anderson & Weitz（1992）	承诺包括发展稳定关系的欲望、愿意以短暂的牺牲换取关系的维持及对关系稳定的信心
Liljander & Strandvik（1993）	承诺是双方对于未来皆有行动的意图与互动的态度
Mohr & Spekman（1994）	承诺为合作伙伴会克服不可预料的问题，并致力于建立未来关系的导向
Morgan & Hunt（1994）	关系承诺为交换伙伴相信与另一方维持持续的关系是很重要的，并以最大的努力去维持关系。因此，承诺者相信此关系是值得维系的，并且能忍受不确定性
Wilson（1995）	承诺代表着交易伙伴关系的重要性以及想要在未来仍持续此关系的欲望，他认为承诺是衡量未来关系的重要变数

关于关系承诺的构面，不同学者提出了不同看法。Dwyer，Schorr 及 Oh（1987）以下列三项准则来衡量承诺：（1）投入（Input）：关系人提供相对高水准的投入到关系之中。（2）持续性（Durability）：买卖双方持续地维持彼此的关系。（3）一致性（Consistency）：对于关系的投入要有一致性。

Anderson 及 Weitz（1992）在其分销渠道的研究中指出承诺包括三个构面，分别是情感的承诺、持续关系的期望及对关系投资之意愿。

Morgan 及 Hunt（1994）修正 Meyer 及 Allen（1984）及 Mowday，Steers 及 Porter（1979）关于组织承诺的量表，提出了关系承

诺包含投入、允诺及持续关系的欲望等构面。

学者 Gundlach，Achrol 及 Mentzer（1995）认为承诺应包含三部分，分别为：（1）某种投资形式的手段或投入，断然退出将造成昂贵成本。（2）态度成分，是情感上的承诺或心理上的依恋。（3）时间维度，是维持承诺时间而存在的交换关系，而其中"持久性"与"一致性"是两项极为重要的因素。

Cruen，Summers 及 Acito（2000）将承诺区分为以下三种：（1）持续性承诺（Continuance Commitment）：是基于一种自利的关系，成员对于离开组织的知觉成本和组织在心理上相结合的程度。（2）规范性承诺（Normative Commitment）：由一个人对于组织的道德义务感所驱使，成员对于与组织维系关系所知觉的道德义务和组织在心理上相结合的程度。（3）情感性承诺（Affective Commitment）：是一种正向情感的依恋，成员喜爱组织的程度和组织在心理上相结合之程度。

Garbarino 及 Johnson（1999）认为承诺包括四个构面：（1）对组织的认同度。（2）顾客心理上的依恋。（3）关心长期福利。（4）忠诚度。

Buchanan（1992）认为组织承诺包含以下几个因素：（1）员工为组织付出高度努力的意愿。（2）继续留在组织内的强烈意愿。（3）对组织归属或忠心的程度。（4）对组织主要目标和价值接受的程度。（5）对组织的正面评估。

各学者对于承诺的构面汇总如表 3-6 所示。本书赞同 Anderson & Weitz（1992）和 Morgan & Hunt（1994）对承诺的定义及其构面的划分，承诺主要是指交换伙伴相信与另一方维持持续的关系是很重要的，并以最大的努力去维持关系，主要通过情感承诺、持续关系期望和对关系投资意愿三个方面来衡量。

4. 信任与承诺关系的研究

随着环境的变化，关系营销的发展愈显重要，信任与承诺是发展长期关系的必要因素。下面将探讨信任与承诺的相关理论，以了解两者在关系营销中所扮演的角色以及相互之间的关联性。

表 3-6   承诺衡量构面汇总表

作者	构面
Dwyer, Schorr & Oh (1987)	1. 投入 2. 持续性 3. 一致性
Anderson & Weitz (1992)	1. 情感的承诺 2. 持续关系的期望 3. 对关系投资之意愿
Buchanan (1992)	1. 员工为组织付出高度努力的意愿 2. 继续留在组织内的强烈意愿 3. 对组织归属或忠心的程度 4. 对组织主要目标和价值接受的程度 5. 对组织的正面评估
Morgan & Hunt (1994)	1. 投入 2. 允诺 3. 持续关系的欲望
Gundlach, Achrol & Mentzer (1995)	1. 某种投资形式的手段或投入 2. 态度成分, 是情感上的承诺或心理上的依恋 3. 时间维度, 其中"持久性"与"一致性"是两项极为重要的因素
Garbarino & Johnson (1999)	1. 对组织的认同度 2. 顾客心理上的依恋 3. 关心长期福利 4. 忠诚度
Gruen, Summers & Acito (2000)	1. 持续性承诺 2. 规范性承诺 3. 情感性承诺

Morgan 和 Hunt (1994) 在其"承诺-信任理论"模型中指出,关系承诺与信任是关系营销的关键中介变量,信任与承诺可以鼓励营销人员维持长久的合作伙伴关系;与现有的伙伴抵抗短期的诱惑,支持长期的利益关系;降低机会主义的风险。在买卖双方之间建立高度的信任,可促使双方注重长期利益而非短期投机行为 (Ganesan, 1994)。

同时, Morgan 和 Hunt 在其研究中将关系交换 (Relational Exchange) 区分为内部关系 (包括员工、事业单位、功能性部门)、供应商关系 (包括商品供应商、服务供应商)、横向关系 (包括政府、竞争者、非营利组织) 及购买者关系 (包括经销商、最终顾客) 等四种关系、十项类别。在关系营销的关键中介变量模型

（Key Mediating Variable，KMV）中，关系承诺和信任是五个前因变项（终止关系成本、关系利益、共享价值、沟通、投机行为）与五个结果变项（默许、离开倾向、合作、功能性冲突、不确定性）的中介变量。实证结果表明，关系承诺与信任是关系营销成功的关键中介变量，且信任与关系承诺两构念呈正相关。

最后，Morgan 和 Hunt 提出了一些可强化合作伙伴之间的信任与承诺的建议：

（1）提供给伙伴更为优惠的条件，如资源机会与利益。

（2）与合作伙伴维持高度的合作价值观与文化，并与价值观相近的伙伴发展关系。

（3）交流有价值的信息，包括对于市场的预期、市场情报与对于伙伴绩效的评估。

（4）避免采取恶意的行为。

Dupont（1998）归纳整理关系营销的相关文献后，提出以承诺、信任为中介变量，以转换成本、关系利益、共享价值、沟通、投机主义行为作为前因变量，并采用顾客保持作为结果变量的概念性架构。从顾客效用的角度探究顾客拥有的效用（Consumer-owned Utilities，COUs），研究指出顾客关系的建立与维持能得到真正的竞争优势，关系营销强调的是经由信任与承诺而获取顾客。

Dupont 提出的 COUs 模型能进一步说明承诺与信任的水平与关系层级以及策略方法的相互关联性。

综合以上信任与承诺的相关研究，信任与承诺是关系营销的重要中介变量。对此，本研究仍以信任和承诺作为研究架构的中介变量，结合前述的满意的构念，探讨各变量的关联及其在影响中间商行为方面所扮演的角色。

三、关系品质的前因及后果的相关研究

在关系品质研究领域，众多学者都对影响关系品质的前置因素或关系品质的产出做了研究，只是他们研究的角度不同。关于关系品质的相关研究详见表 3-7。

对于影响关系品质的前置因素的研究，不同学者做出了不同贡

献。大部分学者从人际交往的角度对关系品质的影响因素进行了分析。如 Crosby et al. （1990），James S. Boles et al. （2000）将影响关系品质的因素归纳为销售人员的相似性、服务领域的专业性、相关销售行为（交互密度、代理商披露、顾客披露、合作意愿）等，注重的是销售人员和顾客之间的相互关系及其影响因素。Palmer 和 Bejou（1994）从关系满意、销售人员值得信赖的程度、销售人员的顾客导向、销售导向、销售人员的专业性和销售人员的道德对关系品质的影响方面进行了研究。Hennig-Thurau（2000）认为，销售人员与顾客交流的技能（技能属性、技能水平、技能特殊性）会影响关系品质。Parsons et al. （2002）在关系品质的决定因素的研究中，也将人际变量（风险处理；关系销售行为——共同披露、交流、顾客导向；专业领域、相似性/价值分享）纳入考虑范围。

台湾学者谢依静（2001）指出，关系结合方式对承诺与信任有显著的影响，可以认为，关系结合方式是关系品质的前置影响因素。

另外，也有学者将满意作为关系品质（主要是指承诺和信任）的前置变量（Stahl，1996；Hennig-Thurau & Klee，1997）。也有研究将信任（Moorman et al. ，1992）和承诺（Parsons et al. ，2002）作为关系品质的影响因素。由于研究者研究视角不同，所以在将满意、承诺或信任作为关系品质的内生变量还是外生变量上有不同看法。

由此可见，对于关系品质的研究，只有个别的学者从关系的结合方式方面对关系品质的影响进行研究，也有少数研究提到了关系利益对关系品质产生影响（Kumar et al. ，1995；Parsons et al. ，2002）。

在关系品质的产出方面，主要是研究关系品质对忠诚（Keith Roberts et al. ，2001）、顾客保留（Hennig-Thurau & Klee，1997；James S. Boles et al. ，1997；Hennig-Thurau，2000）、推荐（James S. Boles et al. ，1997；Keith Roberts et al. ，2001）、口传（Kim et al. ，2001；Woo Gon Kim et al. ，2002）、销售效果（James S. Boles et al. ，2000）以及购买份额（Woo Gon Kim et al. ，2002）等方面

的影响。中国台湾省学者林亚萍（2004）利用 Morgan 和 Hunt
（1994）的承诺信任理论模型，将顾客（个人消费者）的自发行为
（忠诚、参与和合作）作为关系品质的产出变量进行了研究。由此
可见，单独将关系品质作为中介变量来研究关系策略对中间商自发
行为的研究极少。因此，本书将在上述文献的基础上，对关系结合
方式及关系品质与中间商自发行为之间的关系进行有意义的研究，
探讨将三者结合会给我们带来什么样的研究结果，同时，从表3-7
中我们也可以知道，在关系品质的产出和前置变量中，目前还没有
一致性的研究结论，这就引出了本研究的论题。

表 3-7   关系品质的相关研究

学者	关系品质前提	关系品质测量维度	关系品质产出	提出背景	模型检验
Dwyer and Oh （1987）	参与、正式化、集中化	满意、最低程度的机会主义、信任	无	营销渠道（中间商视角）	汽车行业
Gummesson （1987）	不明	无	是顾客服务或产品相关质量感知的决定因素	消费者和服务提供者关系（消费者视角）	服务行业
Crosby et al. （1990）	相似性、服务领域的专业性、相关销售行为（交互密度、代理商披露、顾客披露、合作意愿）	顾客对销售人员的满意和信任	交互预期、销售效果	销售人员和顾客关系（消费者视角）	人寿保险
Lagace et al. （1992）	道德行为、专业、交互频度、关系持续期	对销售人员的信任和满意	无	供应商和中间商（中间商视角）	医药销售人员
Moorman et al. （1992）	信任	感知交互质量、研究者参与研究活动的程度、关系承诺	市场研究利用	市场研究公司和客户（消费者视角）	专业服务行业

续表

学者	关系品质前提	关系品质测量维度	关系品质产出	提出背景	模型检验
Palmer and Bejou (1994)	关系满意、销售人员值得信赖的程度、销售人员的顾客导向、销售导向、销售人员的专业性和销售人员的道德方面	无	无	服务关系（消费者视角）	投资行业
Wray et al. (1994)、Bejou et al. (1996)	道德、销售人员的专业性、关系持续期、销售导向、顾客导向	对销售人员的信任和满意	无	销售人员和消费者（消费者视角）	金融服务
Morgan, Hunt (1994)		承诺和信任		供应商视角	
Kumar et al. (1995)	分销公平性、程序公平性（双边交流、公正、可反驳性、可解释性、知识性、礼貌）、产出水平、关系持续期、环境不确定性	情感冲突、显性冲突、信任、承诺、投资意愿和持续性期望	无	大供应商和小经销商（中间商视角）	新车经销商
Stahl (1996)	顾客对单个交易片段的满意	准备状态、顾客期望状态和体验状态的关系质量	无	B-B 商业关系（中间商视角）	不明
Hennig-Thurau、Klee (1997)	顾客满意	信任、承诺、产品或服务相关质量	顾客保留	消费者和公司（消费者视角）	无
James S. Boles et al. (1997)	无	无	（商业）顾客保留、提及、推荐	商业关系中顾客和供应商的关系（中间商视角）	财富500强电信服务业

续表

学者	关系品质前提	关系品质测量维度	关系品质产出	提出背景	模型检验
Dorsch et al.（1998）	无	信任、满意、承诺、机会主义、顾客导向、道德方面	无	商业关系中顾客公司对卖方感知（制造商/中间商视角）	采购主管
Smith（1998）	关系管理（关系投资、开放式交流、关系主义）、相似性（生命阶段、性别、文化背景、工作态度、个性）	信任、满意和承诺	无	采购人员与销售代表（制造商/中间商视角）	加拿大采购管理协会成员
Michael J. Dorsch et al.（1998）	无	信任、满意、承诺、最小机会主义、顾客导向和道德方面	将卖方分层管理	制造商的采购人员与供应商关系（制造商视角）	商业采购邮购名单成员
Sandy D. Jap et al.（1999）	服务质量	信任、冲突、不接触和连续性的期望	交互行为（友好、问题咨询、反对、顺从以及谈话时间）	零售商与供应商关系（中间商视角）	分类经理的访问
James S. Boles et al.（2000）	相似性、服务领域的专业性、相关销售行为（交互密度、代理商披露、顾客披露、合作意愿）、公正	顾客对销售人员的满意和信任	交互预期、销售效果	B-B商业关系（中间商/制造商采购人员视角）	财富500强的商业客户
Hennig-Thurau（2000）	与顾客交流的技能（技能属性、顾客技能水平、技能特殊性）	产品相关感知质量、信任、对关系的承诺	顾客保留	电子消费产品制造商和其顾客关系（消费者/中间商视角）	电子消费产品（录机和相机）

续表

学者	关系品质前提	关系品质测量维度	关系品质产出	提出背景	模型检验
Kim et al. (2001)	顾客信心、顾客接触和交流	承诺	重复购买和口传	销售人员与顾客关系（消费者视角）	旅馆行业
Keith Roberts et al. (2001)	无	对诚实的信任、对友善的信任、承诺、情感冲突、满意	忠诚：信息共享、积极提及、推荐朋友、持续购买、购买附加服务、尝试新服务	服务公司同消费者关系（消费者视角）	服务公司
谢依静 (2001)	关系结合方式	承诺、信任			金融业
Woo Gon Kim et al. (2002)	顾客导向、关系导向、共同披露、服务提供者的特点	满意、信任	购买份额（意向）、关系持续性、口传	服务人员与顾客（消费者视角）	旅馆行业
林亚萍 (2004)		承诺、信任	顾客自发行为（忠诚、合作、参与）		歌迷俱乐部
Parsons et al. (2002)	人际变量（风险处理；关系销售行为——共同披露、交流、顾客导向；专业领域、相似性/价值分享）和关系变量（承诺、共同目标、关系收益）	信任和满意	无	商业关系中的买方观点（中间商/制造商采购人员）	应理机构成员名单

第三节　中间商自发行为

在解释中间商自发行为以前，我们先看一下与其紧密相连的员工自发行为理论和顾客自发行为理论的研究。

一、中间商自发行为的概念

随着竞争日益激烈，企业需要扩展它们对生产性资源的认识，生产性资源不仅指那些传统的企业界限内的资源，还包括将顾客作为潜在的伙伴资源（Lengnick-Hall，1996）。与其他充分挖掘顾客各种角色的公司相比，不能开发顾客资源的公司将会失去它们的竞争优势（Schneider and Bowen，1995）。服务传递过程中，直接参与的顾客被认为是公司的暂时成员或部分员工（Bowen and Schneider，1985；Mills and Morris，1986），他们有助于服务质量的发展和传递，这种观点意味着员工激励和顾客行为的应用模型之间具有一致性（Bowen，1986；Kelley et al.，1992；Mills and Morris，1986）。

组织行为中的合作已经成为研究的重点。Katz 和 Kahn（1996）首先认识到，有效的组织运转要求组织成员愿意进行各种各样超出他们工作描述之外的创新性行为和自发行为。这种认识引发了对于组织公民行为（OCB）的研究潮流。Organ（1988）定义组织公民行为是"任何个体的自愿行为，这些行为不在一般的奖励系统范围内，并且总的说来可以促进组织的有效运转"。员工可以在组织中展示其利他主义、责任心、谦虚、运动家精神或者市民的美德等，以表明自己是良好市民（Organ，1988）。

员工自发行为（Voluntary Employee Behaviors）超出了组织的工作描述，成为实证研究的焦点（Van Dyne et al.，1994）。尽管这些行为经常在绩效评价时被忽略，但是他们对于组织的有效运转是非常重要的（Katz and Kahn，1996）。如同员工一样，顾客也会有各种各样合作性的、创新的和自发性的顾客行为（Zabava Ford，1995；Mills and Morris，1986）。例如，对于顾客来说，和其他消费者分享他们积极的购物体验是经常发生的事情，他们会想办法到他们喜欢的商店购物，会以愉快的态度对待服务员工，或者向员工报告他们碰到的服务问题，这些行为在顾客进行抉择的时候都会表现出来。这些行为在现在的组织行为理论中没有涉及，而是形成了他们自己的概念——顾客自发行为。顾客自发行为指的是顾客在特定条件下，做出有助于企业整体提升服务效益或品质的行为（Betten-court，1997）。

二、顾客／中间商的自发行为

顾客自发行为指的是顾客在特定条件下，做出有助于企业整体提升服务效益或品质的行为（Bettencourt，1997）。顾客的自发行为就如同组织成员的组织公民行为，但是，顾客自发行为和部分员工行为还是有一定区别的。部分员工行为是顾客在服务传递过程中要求进行的行为（Kelly et al.，1990）。例如，部分员工行为表现为当申请贷款时出示你的信任记录、向美容师描述你的发型偏好，或者在沙拉或快餐酒吧进行自助服务（Kelly et al.，1990）。部分员工行为促使顾客通过自身努力向组织提供资源的方式，为服务传递的过程作出应尽的贡献（Mills and Moberg，1982）。而顾客自发行为是顾客自愿进行的除购买产品和服务之外的任何行为，这些行为可能对组织有利或有害。

关于顾客自发行为的具体维度，目前还没有系统的探究。然而，该概念下的许多行为得到了重视。例如，顾客通过与竞争者作比较，选择组织并对某一组织实施承诺，向其他人推荐该组织，向组织提供建议或反馈意见。顾客通过向员工汇报潜在的安全问题、帮助其他顾客或者促进他们购买等方式给予组织帮助。尽管这些行为不能很容易地被转化为经济收益，但是这些自发行为总体来说可以促进组织有效运转。

在服务市场，企业围绕着个人顾客的自发行为进行研究，得出一些有价值的研究结论，这些研究结论对中间商自发行为的研究同样是适用的。

Gruen／Summer 和 Acito（2000）在研究关系营销、承诺和会员行为的关系时，将会员的行为分为保留（Retention）、参与（Participation）和共生（Co-production）三类。保留是指现有的会员继续保持会员关系，参与是指会员消费协会服务的程度，共生则是指会员涉及协会的产品、服务以及营销合作的程度。

在 Bettencourt（1997）的研究中，对顾客自发行为进行了讨论，提出了与顾客自发行为相对应的三种顾客角色。这三种顾客角色为：（1）顾客作为企业产品或服务的有效促销者（Promoters）（Bowers et al.，1990）。（2）作为人力资源的顾客（换句话说，就是提供生产力和质量信息的合作生产者（Kelly et al.，1990，1992）。（3）作为企业咨询者的顾客（Schneider and Bowen，1995；Wolstenholme，1988），提供企业服务传递及创新方面的资讯来源（Plymire，1991）。以下详细介绍几种顾客角色及其对应的顾客自发行为。本研究认为，中间商也具有这三种自发行为，并将共生行为纳入以下的讨论中。

1. 忠诚行为——中间商扮演企业的促销者（Promoter）

顾客忠诚通常是指顾客对交往企业的忠贞行为，超越个人利益而以倡导企业利益为着眼点（Bettencourt，1997）。Jacoby 和 Chestnut（1978）将忠诚分为三类：行为、态度和复合忠诚。

（1）行为忠诚。早期忠诚主要是指顾客随着时间的推移对特定产品或服务的重复购买行为。忠诚的测量要么是基于消费者的实际购买行为，要么是对他们行为的描述。Jacoby 和 Chestnut（1978）将这些行为的定义分为四种。

第一种是强调购买品牌的排列顺序。Brown（1952）提出以下排列顺序：没有分类的忠诚的购买顺序是"AAAAAA"；分类后的忠诚顺序是"ABABAB"；不稳定的忠诚是"AAABBB"；没有忠诚是"ABCDEF"。

第二种是基于对某种品牌的购买份额。Cunniungham（1956）讨论了代表某种品牌的整体购买份额，在产品分类中经常使用。购买份额显示了顾客对特定品牌的忠诚强度。

第三种定义是基于购买的赢利性提出的。Frank（1962）利用重复购买赢利性将忠诚定义为从系列优先购买中对特定品牌购买的相对频度。这种定义反映出消费者行为的随机模型，因为它不能预测消费者的具体行为，而只能预测消费者的赢利性（Assael，1987）。

第四种定义是由合成变量构成的，也就是将多种行为标准融合在一起。Frank，Massy 和 Lodahl（1969）利用购买份额和品牌运行的平均时间的数据，获得因子得分。Burford，Enis 和 Paul（1971）也提出了基于多种行为因素的忠诚指标，如产品级别预算中用于忠诚目标支出的份额、从忠诚目标转换的次数、获得品牌的数量和光顾的次数。

（2）态度忠诚。态度忠诚是由 Guest（1942）提出的，他通过顾客对某一品牌的偏好陈述检验了"品牌偏好"。Monroe 和 Guiltinan（1975）利用了一个从价格敏感到重复购买特定品牌的 7 级量表来研究忠诚度。Bennett 和 Kassarijian（1972）用接受或反对的范围来描述忠诚，品牌在偏好的区间里进行刻度，购买意向反映了接受、中立或反对的区域。偏好之间的区域越大，品牌的态度忠诚就越大。

（3）复合忠诚。研究者们将行为和态度维度都并入忠诚研究。Jacoby 和 Kyner（1969）提出"单维度方法不可能充分地对包含如此复杂的多维现象的品牌忠诚进行测量"。Day（1969）认为真正的忠诚顾客，除了要重复购买产品外，还应对品牌抱有积极的态度。Day 还发现使用态度和行为两方面的测量模型比仅仅使用行为模型的预测更为可靠。

营销文献中非常重视品牌和服务忠诚的重要性，因为它们意味着重复购买行为和购买意愿（Cronin and Taylor，1992；Heskett et al.，1995）。然而，最近的研究表明，对服务提供者的偏好、积极的口传和推荐是衡量消费者对组织忠诚的指标（Boulding et al.，1993；Parasuraman et al.，1988，1991；Rust et al.，1995；Swan and Oliver，1989；Zeithaml et al.，1996）。Giffin（1996）认为具有忠诚度的顾客，具有下列四个特点：经常性购买、惠顾企业所提供的各种产品及服务、建立口碑、能对企业竞争对手的促销行动有免疫力，企业将会因得到顾客的忠诚而获利。

顾客忠诚行为的影响在一些研究中表现很明显，这些研究表明积极的口传和推荐对消费者购买决策和新产品的接受有相当重要的影响（Arndt，1967；Engel et al.，1969）。另外，顾客口传和推荐有助于树立公司积极的形象与更高的服务质量期望和评价（Parasuraman et al.，1985）。

在商业关系研究中，学者对顾客自发行为有一定探索。如James S. Boles et al.（1997）对财富500强电信公司的商业客户进行调查，研究 B2B 市场中关系品质的高低对买方态度和意图的影响，即对顾客保留倾向、推荐可能性和提及情况等方面的影响。还有学者从买卖双方的视角研究了商业关系，认为关系产出包括财务产出、顾客份额、价格溢价和销售增长。

2. 合作行为——中间商扮演企业之部分人力资源（Partial Employees）

Anderson 和 Narus（1989，1990）将合作定义为"商业关系中的公司为了创造优越的双边产出所表现出来的相似或互补的活动……是关系成员为共同目标而努力的情况"。该观点和 IMP 的观点一致，他们认为合作是交易情景的产品。Graham（1991）则认为合作是指遵从良好服务传递供给的自愿顾客行为（如可靠的、有效率的、高兴的）。Morgan 和 Hunt（1994）也指出合作是主动的，将会促成关系营销的成功。而 Van Dyne et al.（1994）认为合作行为是指"顾客无条件对提供服务的企业表示尊重，表现出一些有利于服务接触的行为，与接触的员工成功地进行互动，甚至可能去影响其他的顾客"。例如，如顾客配合企业的政策、与服务人员和睦相处或病人遵从医务人员专业的指示，皆是合作行为的表现；又如当顾客离开戏院时随手带走垃圾，或者给予其他顾客建议及回答问题，都或多或少分担了服务人员的工作，而这时的顾客就好似企业的暂时成员（Temporary Members）或部分员工（Partial Employee）（Mills and Morris，1986）。

顾客对他们在服务接触过程中扮演什么角色和怎样扮演这些角色等问题已经有很清楚的定义（Kelley et al.，1990，1992；Mills and Morris，1986；Solomon et al.，1985）。许多顾客行为不仅促进了他们与接触人员的互动，而且对其他顾客也有重要意义（Bateson，

1985；Bitner et al.，1994；Martin and Pranter，1989）。

　　无论是在医疗中心还是在零售店，许多合作行为是自发的，这取决于他们行为的内部激励（Mills and Morris，1986）。Kelly 等（1990，1992）指出消费者将服务程序和员工的礼貌等行为等同于其接触的员工的技术和功能质量。对消费者来说，合作性、遵守规则和政策、礼貌和尊重、接受服务提供者的指导等也是相当重要的（Bateson，1985；Bitner et al.，1994；Kelley et al.，1990，1992；Solomon et al.，1985 ）。更进一步讲，服务接触不仅是消费者和员工的直接接触，同时也有助于消费者参与到服务质量传递的过程中。电影院要求消费者"不要随地乱扔垃圾"和"关掉所有个人移动电话和 BP 机"。体育馆要求其消费者"使用杠铃后归还原处"和"使用完机器后请保持其清洁"。顾客也可以担任帮助其他顾客的角色（如提供建议、提供指导等），他们可以在履行他们合作责任的过程中或多或少发挥积极作用（如病人和康复练习、纳税人和材料准备）。

　　在商业关系研究中，Charis et al.（1982）运用以前对于合作的定义提出了渠道网络中的合作定义："合作就是通过两个或两个以上的参与者联合行动，为实现组织内部或者组织之间的目标而期望进行的资源的平等交换。"这个定义中最重要的观点在于合作的主要内容是共同努力（合作行动），以及行动的根本原因在于期望进行平等的交换。

　　Joseph P. Cannon et al.（1999）在其商业市场中的买卖关系研究中，提出了合作规则（Cooperative Norms）的概念，认为合作规则反映了交易伙伴双方对一起工作以实现双方和个人目标的期望。在这里，合作规则并不是代表一方默许另一方的需要，而是双方都一起行动，表明他们认识到了他们为了取得成功必须一起工作（Anderson et al.，1990）。例如，两个公司面对变化的环境，将问题作为双方的责任来对待。相反，如果为了取得个人目标单独行动将会降低合作性。

　　许多通俗的和学术性的出版物都强调了买卖合作的趋势。但是，该趋势不是普遍的。在底特律，汽车制造商对不断增加的合作产生了分歧。当通用汽车使用更有针对性的策略来降低成本时（Stertz et al.，1992），克莱斯勒汽车积极地与供应商进行合作以实现相似的目标（Lavin，1993）。

合作是政治经济学框架（Stern et al.，1980）和交互模型（Hakansson，1982）的主要内容。在分销渠道的协调行为中它扮演了关键角色（Anderson et al.，1990；Morgan et al.，1994）。高度合作意味着行为将和 Bonoma（1976）提出的双边权力系统的理论一致，在这种情况下，交易双方"不仅是为了个人享乐计划而行动，同时也是为了维持一致性而行动"。

3. 参与行为——中间商扮演企业之咨询顾问（Consultants）

Mohr 和 Spekman（1994）将参与定义为"合作伙伴共同从事于规划及目标设定的程度"。Van Dyne 等人（1994）则指出参与是指在组织的管理和发展过程中积极参与和具有责任心的顾客行为，如顾客向企业抱怨或提出建议的行为。由于顾客直接接触服务，对于服务的感受状况是最深刻且直接的，所以顾客可视为服务产品的专家，最具有提供建议的资格，也是企业最便宜的资讯来源。顾客主动参与服务传递过程，对于提高企业整体的生产力、服务传递的品质及顾客最后的满意也有很大贡献（Mills and Morris，1986；Kelley，Donnelly and Skinner，1990）。顾客的抱怨与建议能补救企业目标服务问题，扩展现有服务，甚至创造全新的服务项目（Plymire，1991）。但是，尽管顾客在服务接触中的参与行为已在实务界受到重视，关于这种主动的、不是因为对产品不满而产生的建议行为的实证研究仍相当有限，有待进一步探讨。

在商业市场上，众多学者的研究涉及参与行为。Dwyer 和 Oh（1987）通过对汽车行业的实证研究，将中间商的参与作为关系质量的前置影响因素来讨论，认为中间商/顾客的参与行为与其满意、信任和机会主义有显著关系。Sandy D. Jap et al.（1999）通过对类别经理的访谈，探索了零售商与供应商的关系，认为在不同的关系品质背景下，会产生不同的交互行为，如友好、问题咨询、反对、顺从、增加谈话时间等。James S. Boles et al.（2000）从制造商采购人员的视角研究了 B2B 的商业关系，指出供应商销售人员的相似性、服务领域的专用性、公正、关系销售行为（包括交互频率、信息披露和合作意愿）对关系品质（信任和满意）有影响。Smith（1998）通过探讨销售代表与采购人员的关系，提出了关系管理（包括开放式交流）、相似性对关系品质（满意、信任和承诺）的影响。Parsons et al.（2002）从商业关系中的买方角度研究了人际变量（风险处理；关系销售行为——共同披露、交流、顾客导向；专业领域、相似性/价值分享）和关系变量（承诺、共同目标、关系收益）对关系品质（信任和满意）的影响。

从以上文献回顾可以发现，忠诚是对企业忠贞的一种表现行为，主要通过顾客积极的口传、推荐、重复购买、支付溢价等指标来衡量；合作是指为了实现共同目标，合作伙伴之间的一种联合行动，包括伙伴间的互动等行为；参与是指组织的管理和发展过程中积极参与和具有责任心的顾客行为，涉及顾客抱怨、建议及信息沟通交流等行为。而在商业关系中，我们可以发现中间商的行为或多或少与这些顾客自发行为有关。同时，考虑到中间商也是一种顾客，所以，在本书的研究中，将借鉴与参考前面关于消费市场中的顾客行为，并结合产业市场中关于中间商行为的研究，对中间商的自发行为进行定义：中间商自发行为指的是中间商在特定条件下，做出有助于合作双方提升服务效益或品质的行为。同时，与顾客自发行为的三个方面保持一致，即保留顾客的忠诚行为、合作行为和参与行为。在下面的讨论中，顾客自发行为中的顾客是广义的顾客，包括中间商。

然而，随着中间商在与供应商的关系中对伙伴概念的认识不断加强（Lengnick-Hall, Claycomb and Inks, 2000），因"共生"行为产生的收益引起了学者们的关注。共生概念强调了关系营销的核心概念，即"双赢"哲学。共生收益考虑到作为伙伴一起工作时的共享观点和互惠收益的感知，并且已经在 B2B 的文献中得到了确认（Sweeney and Webb, 2002）。然而，在消费者市场，"共生"的收益还没有得到实证检验。而且在产业市场中，明确提出将共生行为作为中间商自发行为，与关系品质结合起来进行研究的文献还没有。因此，在本书的研究中，共生行为将作为顾客自发行为的一个重要考虑因素，同时也将是本书的一个创新点。

4. 共生行为

"共生"一词源于希腊语，早在 19 世纪中叶就已提出。它是一种生物学的概念。生物学的"共生"是指两种不同类型的生物为满足各自的需要（如捕食、防卫、繁殖等）而组成的互利联盟。根据生物学研究的成果，当两种生物"在需要上和有机结合上彼此越不一样，它们越会经常结成紧密的互利联盟"，"自然的共生联盟者，以及最终可能成为共生成员的候选者，总是那些亲缘关系很远的生物类型"。袁纯清（1998）运用共生理论研究小型经济提出：共生不仅是一种生物现象，也是一种社会现象；共生不仅是一种自然状态，也是一种可塑状态；共生不仅是一种生物识别机制，也是一种社会科学方法。因此，社会和企业之间也存在共生现象。共生会产生"共生效应"，如白蚁和它肠内的鞭毛虫，鞭毛虫帮助白蚁消化木材纤维，白蚁给鞭毛虫提供栖居场所和养料，如果互相分离，两者都不能独立生存。在植物界，也常看到这种现象：当众多的植物一起生长时，它们显得格外葱茏繁茂、生机盎然；若一株植物独自生长，则一般没有共同生长的植物那样高大粗壮。人们把生物的相依生存和植物的竞争生长现象皆称为"共生效应"。企业共生，本质上是以共生企业各自利益为基础的，是两个不同的有机体之间以互惠的方式形成的长期存在的结合体（Boucher，1985）。作为共生单元的各个企业能否获得各自的利益，是它们能否连接起来形成企业共生组织系统的关键。事实上，每个企业在发展过程中，都是基于自身利益的考虑来寻找与其他企业的联系方式的，如中间商成为企业服务的共同生产者（Co-producer），扮演企业部分人力资源角色（Kelley, Skinner and Donnelly, 1992）。可以这样说，共生行为使企业间更深层次地亲密接触，在合作的过程中，形成你中有我，我中有你的共生现象。例如，中间商根据所掌握的顾客需要的市场信息，主动向生产企业提出建议，同时还共同进行新产品的开发。

共生行为的提出，是考虑到中间商媒介商品的特殊市场地位，而且前人的研究，如战略联盟的相关研究就指出，渠道成员间建立战略联盟能够产生财务绩效所带来的竞争优势，胜过一个组织所拥有的渠道。

三、中间商自发行为的前提研究

许多学者对中间商的自发行为的理论基础进行了思考。一种有价值的观点是社会交换理论（Eisenberger et al.，1990；Konovsky and Pugh，1994；Organ and Ryan，1995），该理论已经通过了员工-顾客调研的多重实证检验。在服务互动过程中，顾客和服务提供者彼此都存在预期，就是各自的基本权利和义务（Kelley et al.，1992；Solomon et al.，1985）。除这些预期以外，顾客的贡献取决于公司对顾客的投资（或者是提供给顾客的奖赏），而不仅仅是经济上的义务（Bagozzi，1995），这就是社会交易关系的实质。社会交易是指一种非特定的自发行为，这种非特定的行为延伸了基本的义务并暗示着一种对伙伴的个人承诺。而且，社会交易不仅会扩展一方的义务，而且另一方会获取由双方决定的收益（Blau，1964）。因此，有用的、随意的顾客行为，如积极的口传、服务接触中的合作和意见的交流等，会受到顾客维持同公司的社会交易关系程度的影响（Bagozzi，1995）。

社会交换理论对顾客自发行为前提的研究有所涉及，但是不是很明确。在讨论顾客自发行为的前提以前，我们先回顾一下前人关于影响关系营销产出结果的相关研究。因为我们讨论的中间商自发行为（如忠诚、合作、参与、共生等）是关系营销产出的结果，影响关系营销产出的因素或多或少会对中间商自发行为产生一定影响。

现有的关于关系营销效果（产出）决定因素的研究，可以分为两类：

1. 分析关系营销效果与假定的在关系营销中发挥关键作用的单个变量之间的关系，可称为单变量分析方法。具体表现在以下几个方面：

（1）满意度分析法：满意度是中间商对实际评定的与预期的可感知的差距所引起的感情或情绪上的反应，它与顾客忠诚、口碑传播是正相关的。

（2）服务质量分析法：指顾客在良好的体验和印象的基础上，对服务商表现的评价，是服务商传递的可感知的服务质量。

（3）承诺分析法：承诺反映了顾客想建立长期关系的心理，顾客对关系进行承诺并履行承诺，这种关系建立在感情约束的基础之上，并要让顾客坚信维持关系比终止关系能带来更多好处。

（4）信任分析法：顾客相信服务商是可靠的、诚实正直的，顾客信任伙伴方。

2. 研究两个或以上的因素同时对关系效果产生影响，并研究这些因素之间的关系，可称为多变量分析法。具体表现为以下几个方面的研究：

（1）承诺-信任理论：承诺和信任被认为是关系营销效果及其前提之间的两个关键的中间变量。

（2）服务利润链：假定顾客忠诚是一个复杂的因果链的结果，满意是忠诚的直接前提，但是影响忠诚的因素还有很多，如服务质量、雇员忠诚、雇员满意以及内部服务质量等。

（3）价值-情景模型：关系效果有两个影响因素：① 顾客可感知的服务价值。该价值受到多个因素影响，如顾客获得收益、顾客成本、顾客偏好等；② 情景变量，该情景包括物质环境、社会环境、临时情形以及工作的界定等。服务价值要能够被顾客感知并符合顾客的个性化情景，并且可以通过可感知的价值和情景变量预测重复购买行为。

（4）关系内容方法：三个基本关系内容大体上完成了关系建立的过程。这三个关系内容是：经济内容：指顾客参与关系所获得的经济收益以及因此支出的成本；资源内容：主要是指在关系中资源的多种作用；社会内容：涉及更多对于与关系伙伴间关系是否融洽的一种基本感觉。

（5）关系利益方法：其假设是双方都从关系中获利并维持长期关系。关系利益可以分为 3 种：信心利益：知道所期望的服务大概是什么样的，能够使人感知较少的焦虑和较多的舒适；社会利益：涉及关系的情感部分，以及顾客通过雇员获得的个人识别、顾客对雇员的熟悉程度、顾客与雇员之间的朋友关系；特别待遇利益：与顾客相关的价值折扣、快速服务、个性化的附加服务等。

（6）关系质量方法：过去，关于关系质量维度的研究有合作规范、机会主义、顾客导向、销售人员的专业能力、冲突、投资意愿以及继续关系的期望等。现在，这方面的研究主要表现为：对服务商表现的满意、对服务商的信任以及对关系的承诺，满意、信任以及承诺是关系质量的三个主要构成因素。

通过以上研究可以发现，尽管认识到顾客自发行为能提高服务的品质，但是，很少有实证研究对这些重要的顾客行为的前提进行研究。只有一个营销实证研究探索了服务接触过程中中间商合作的前提（Kelley et al.，1992）。而且，虽然有些营销研究讨论了顾客抱怨的前提（Singh，1990b），但是没有研究探索顾客建议的前提条件，这些建议是关于服务改进或者关于忠实意愿问题的沟通等。最后，虽然满意和服务质量已经被作为顾客忠诚行为（Parasuraman et al.，1988，1991；Swan and Oliver，1989；Zeithaml et al.，1996）的前提进行研究，但是其他可能的前提没有得到重视。

Bettencourt（1997）在其研究中首先提出顾客自发行为（CVP）概念，并通过实证研究探索了顾客自发行为（CVP）的前提模型。Bettencourt认为，顾客自发行为是指"支持公司传递服务质量能力的有益的、自愿的顾客行为"。他提出了与顾客角色相对应的三种自发行为，即忠诚行为、合作行为和参与行为，并强调顾客和组织间关系品质的指标包括顾客承诺、满意和顾客感知支持，这就是导致顾客自发行为的三个前提条件。

总体说来，更高水平的承诺、满意和感知支持使顾客感知到的社会交易关系更明显，这样顾客就会更加合作，更愿意站在公司角度做出努力（Bagozzi，1995；Kelley and Davis，1994；Kelley et al.，1990；Morgan and Hunt，1994）。

基于以上论述，本书将结合关系品质的研究方法，将关系品质作为中间商自发行为的前置因素进行研究。在内容上虽然与某些研究有重复的地方，但是各变量所包含的构面不同，因此其得出的结论以及研究意义也会有所不同。

第四节 关系结合方式与关系品质 及中间商自发行为的关系

一、关系结合方式与关系品质

1. 财务性结合与关系品质的关系

许多学者对财务性结合与关系品质的关系进行了研究。

Berry 和 Parasureman（1991）认为财务性结合是指公司提供价格上的诱因，以鼓励顾客多购买公司的产品或服务。此外，他们也指出通过营销组合中的价格策略可促使一般的消费者成为经常购买的顾客，也就是说，当消费者愿意成为经常购买的顾客时，顾客对公司的产品是认同的，并且对该公司有信心，而且是满意的。

Rosenbloom（1998）提出制造商可以用合作广告、促销津贴、价格折扣、数量折扣、店内促销等财务性结合策略来鼓励零售商多增加货架、多购买产品，并保持与零售商长期的联系，以增强竞争力。

Jeuland 和 Shugan（1983）指出五项渠道成员协调合作的机制包括：

（1）产销合一：设立统筹分配的决策单位，进行垂直整合。

（2）简单契约：制造商在契约中要求零售商以某一特定的价格购买特定数量的产品，同时给予零售商一些财务利益，如价格空间、促销策略等。

（3）内在契约：做有先见之明的伙伴，及时反馈对方的反应。

（4）利润分享：提供数量折扣，达成利润分享。

（5）在拟定数量折扣时，将个体的利润纳入渠道总体利润之中进行测量，达到协调合作，由个体分担双方的成本。

许多的研究表明制造商对零售商提供支援的意愿与能力，有助于零售商对企业承诺的加强（Bobrow，1976；Hunt and Neven，1974；Sibley，1984）。制造商和零售商在财务方面的结合，对零售商来说是一种激励，使得零售商愿意去陈列、展示价格较高的商品。

Robertson（1985）在研究顾客涉入的前因变量中，发现价格经常被用来预测消费者的涉入程度，产品价格越贵，消费者的涉入程度会越高。涉入程度高时，顾客会对产品较重视，所以当公司采取财务性结合策略时，会在价格上给予顾客较大的优惠，如在长期往来中给予价格上的优惠、赠品、累积点数，而消费者体会到公司的举动后，对公司满意度、信任与承诺的程度将会提升。Baker，Simpson，Siguaw（1999）也指出当卖者为顾客作更多的努力时，顾客对公司会更加满意。另外谢依静（2000）在调查金融服务业的论文中也指出关系的结合类型与顾客信任和承诺高度相关。

Kotler（2000）的研究指出，公司可以使用高频率的营销方案与俱乐部营销方案来提升财务性的利益。其中高频率的营销方案主要是提供一些实质的优惠给经常光顾公司的顾客，经常光顾的顾客在达到一定的累积点数后，将享受免费住宿的优惠。顾客得到优惠后会愿意继续与该公司维持关系。另一方案为俱乐部方案，即购买产品或服务的每一位顾客皆可申请成为俱乐部会员。当顾客成为该公司的会员时，会对该公司产生认同感，将会继续与该公司维持关系，并且有认同也表示顾客对该公司有信心。由此可见，当公司使用财务结合策略时，顾客的信任、满意与承诺程度会比较高。

这种情形在制造商与中间商的交往中同样存在。例如，有些制造商为了鼓励中间商多购买企业的产品，往往会给予中间商一些价格优惠，或提供一些促销津贴，以鼓励中间商多购买，并保持长期的关系（Rosenbloom，1998；Jeuland and Shugan，1983），通过财务结合方式提高满意、信任与承诺。

2. 社会性结合与关系品质之关系

社会性结合主要是强调与顾客建立友谊，公司的服务人员与顾客发展友谊或情感上的人际关系，或公司促使其顾客间相互沟通与发展社交关系。Berry 和 Parasurman（1991）在研究中指出，社会性结合重视与顾客保持联系，提供顾客化产品与服务，有利于建立良好的信任与满意度。Wilson（1995）亦认为社会性结合代表买卖双方的人际友谊，当彼此存在强烈的人际关系时，双方对维系关系的承诺显著提高。此外 Smith（1998）在关系结合方式的相关研究中，发现当公司提供个人化的接触或是以个人化的方式传递服务，与中间商建立社交关系时，对关系品质会有正向的影响。

Williams，Han 和 Qualls（1998）对企业间的关系营销进行了研究，认为社会性结合类似于 Turner（1970）所提出的个人化结合，主要是彼此发展出紧密结合的社会关系，而信任或满意在发展此关系时扮演着重要的角色。也就是说，信任与满意皆会受到该关系的紧密程度的影响。

当公司采取社会性结合策略时，公司会以朋友的立场关怀中间商，并且试图去满足中间商的需求；中间商感知到公司以朋友的立场对待他们时，同样也会以相同的立场来对待公司，愿意给予公司更多的机会来替他们服务，双方将有更多合作的机会。此外 Lars-Erik Gadd Ivan Snehota（1992）在研究中指出，两个伙伴之间的交互作用如果是比较密切的，他们会有更多互相依赖的机会，因此也会影响对彼此的承诺与信任。

从上面的研究中可以发现，社会性结合对关系品质中的信任、承诺与满意度有正向的影响。

3. 结构性结合与关系品质之关系

结构性结合主要是中间商与公司作业系统间的联结，并且中间商可与公司的人员、资讯等直接接触，公司除了提供常规的作业内容外，也提供多样化的附加值服务。Berry 和 Parasurman（1991）指出，结构性结合强调以专用性资产来创造顾客价值，因此可形成顾客的忠诚度。Han 和 Wilson（1993）则指出在复杂的购买情境中，结构性结合较强的公司，亦即可以提供多样化与较佳的顾客化的附加服务的公司，在长期关系的维持上，比结构性结合较弱的公司会有较强的承诺。Wilson（1995）则认为结构性结合随着投资量、调适程度、共享技术的累积而发展：当结构性结合形成之后，关系双方体会到资源的不可回复性，因此不会轻易断绝往来。

Jagdish 和 Atul（1995）指出，顾客除了追求选择过程一般化外，他们也尝试着在现有的关系中寻求变化，其目的在于寻求进一步的替代物与信息来改变现有的关系。因此公司采用结构性结合方式时，可以利用与中间商的直接接触，努力了解他们寻求变化的原因，提供更多样化与更个性化的增值服务，以满足顾客所追求的变化。此外 Ganesan 和 Shankar（1994）发现企业对伙伴有特别的投入，可以让伙伴更加信任企业。也就是说当顾客发现企业提供一些有价值的服务时，顾客会更加信任企业。

Kotler（2000）也指出结构性结合是指公司可以提供给顾客某些特殊的设备或电脑网络，协助顾客处理其订单、账单及存货，此时会产生资源的不可回复性，顾客会愿意与公司维持关系，并且对公司的信任感也会增加。另外，洪变顺（2001）认为，结构性结合是提供一些有价值的服务给顾客，当顾客无法从其他竞争厂商中获得类似的服务时，他就会愿意与该公司维持一定的关系。

综合上述的观点，可以发现结构性结合对关系品质有正向的影响。

二、关系品质与中间商自发行为

1. 满意与中间商自发行为

满意度是中间商（顾客）行为研究的关键变量（Howard and Sheth，1969）。有学者研究指出，要与中间商保持长期的关系，必须要使中间商满意。Reichheld（1996）指出，中间商满意度的提高，可为企业节省许多的成本并创造利润，也可以免费为企业推荐、建立口碑以及使企业拥有强势价格。

满意这个概念对企业与中间商关系的理解极为有用（Ruekert and Churchill，1984）。满意度影响渠道成员的信任，并且能激励渠道成员参与共同行动（Schul，Little. and Pride，1985），它还有助于后勤管理和 JIT 库存系统的深化整合（Brown，Lusch and Smith，1997）。满意的渠道成员很少退出渠道，也很少提出针对其他渠道成员的法律诉讼，也不太可能去寻求保护性的方法（Hunt and Nevin，1974）。因此，Dwyer（1980）将渠道成员满意度视为渠道延续能力的关键因素。

同时，也有许多学者对满意与中间商的自发行为，如忠诚、合作与参与等行为进行研究，以下分别详细说明。

（1）满意与中间商忠诚行为。

Anderson & Sullivan（1993），Bearden & Teel（1983），Fornell（1992），Innis & La Londe（1994），Jones & Sasser（1995）等学者认为：顾客的满意是导致顾客忠诚的前提，高度满意使得顾客积极参与公司体验，这些积极的体验导致了顾客与其他顾客分享这些体验、向他人推荐这个提供附加服务的公司以及尽力帮助公司打败竞争对手（Cronin & Taylor，1992；Engel et al.，1969；Swan & Oliver，1989）。然而，对顾客忠诚行为（如口传、推荐、重复购买）的讨论表明，它们是顾客和公司结合方式（如承诺）的象征（Zeithaml et al.，1996）。Bettencourt（1997）发现，整体顾客满意对顾客忠诚有影响。同时，Garbarino & Johnson（1999）也得出结论，对于低关系导向的顾客，在整体顾客满意和组织信任之间存在正向的关系。

美国学者 Fornell（1992）是首先提出顾客满意度概念的学者，该概念的提出使得顾客满意成为可以衡量的指标，其模型见图3-1。

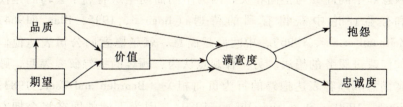

图 3-1　满意度概念模型

该模型以理性预期模式（Rational Expection Theory）为基础，认为顾客满意度受购买前的期望与购后感知的绩效的影响。顾客满意度提高时，顾客的忠诚度会升高；反之，当顾客满意度下降时，消费者的忠诚度也会下降，并且产生抱怨。

此模式一共包含五个构面，而这些构面的影响基于对消费者行为研究的结果：

① 满意程度：包含整体满意程度、符合预期程度、与理想的差距。

② 买前的期望：包含整体期望、正面期望及负面期望。

③ 买后感受到的绩效：包括品质水准、价格水准。

④ 抱怨：包括向销售人员或管理人员抱怨的次数。

⑤ 忠诚度：包括价格容忍度和重复购买意愿。

（2）满意与中间商合作。

对关系满意的顾客为了维持在关系中的地位，会寻求合作行为（Tyler，1990）。一项对银行顾客的研究揭示了顾客满意和顾客合作行为（如礼貌和角色行为的接受）间的积极关系（Kelley et al.，1992），其他研究也提出了类似的结果。对员工（Van Dyne et al.，1994）和市民（Tyler，1990）的研究表明，当考虑到承诺的直接作用时，满意对合作/顺从没有显著影响。对顾客而言，除了承诺可能具有的中介影响外，满意对合作的影响仍需进一步的调查研究。

（3）满意与中间商参与。

关于满意和中间商参与行为之间的关系，存在支持两者是正面或者负面的关系的两种观点。一种观点认为，社会交易表明中间商满意和中间商参与正向相关，因为中间商期望从有利于公司的建议和有益评论中获得有利的待遇（Bagozzi，1995；Blau，1964；Zeithaml et al.，1996），中间商越满意，就越愿意向公司表达他们如何改进服务的想法。另一种观点认为，顾客的抱怨研究表明，顾客满意和顾客表达抱怨的行为负向相关（Bearden and Teel，1983；Singh，1990a；Swan and Oliver，1989），因为不满的顾客将会拥有更多机会向公司表达他们关于怎样改进服务的观点（或者其他可能的更多想法）。顾客抱怨是顾客参与的一种表现形式。

实际上，满意和顾客参与行为可能存在正向关系、负向关系或者没有关系（如果两者影响相互抵消）。然而，如果满意对参与的影响不是独立的，而是加入另外两个社会交易变量——承诺和信任，把它们作为顾客参与行为的前置因素，结果就会有所不同。因为承诺和信任可以解释满意的部分内容，则满意和顾客参与行为很可能会出现负向关系。从理论上讲，满意对顾客参与的社会交易影响将会通过其他变量实现，只有抱怨行为是通过直接途径进行影响的。

（4）满意与共生。

在有关供应商与中间商关系的研究中，满意除了会导致中间商产生忠诚、合作和参与行为外，还会导致共生行为。因为供应商与中间商双方感到满意，会增强对未来的信心，双方会增加一些专用性资产的投入，形成你中有我、我中有你的共生行为。

2. 信任与中间商自发行为

从有关组织的文献中，可以发现信任会导致协议双方较高的忠诚度。心理研究方法很注重研究中间商和供应商之间的信任，并且认为信任可以促进关系交易和建立忠诚（Garbarino & Johnson，1999；Morgan & Hunt，1994）。在 Morgan & Hunt（1994）研究的基础上，Singh & Sirdeshmukh（2000）提出将信任作为引致长期忠诚的购买和购后过程的关键中间因素和调节因素。Bettencourt（1997）的研究指出顾客知觉支持对于顾客自发行为有影响，顾客感觉组织对于顾客服务所做的贡献及关心的整体信任就如同"信赖"，反映"顾客相信企业会以公平的、负责任的以及有利的行为对待顾客"，简言之，信任可以导致顾客程度较高的忠诚度。

研究表明，信任和参与行为有正向关系（Anderson & Narus，1990；Lewicki & Litterer，1985；Skinner，Gassenheimer & Kelley，1992），因为较高水平的信任可以减少复杂性、不确定性和与商业伙伴行为相关的感知自发性（Vulnerablity）。信任为预期目标和利益的实现作出了可靠的保证，这将导致较强的合作倾向。因此，对关系的信任意味着潜在的未来利益，可以产生较强的合作意愿，合作是直接受到关系信任和承诺影响的结果。忠于关系的伙伴会与另一方合作，是因为期望继续维持关系。无论是理论还是实践都说明，信任可以导致合作。Deutsch（1960）的研究利用囚徒困境的实验（Prisoner's Dilemm Experiment）理论，认为合作的开始是需要信赖的。此外，Pruitt（1981）也认为如果存在信任，合作伙伴就愿意承担高风险并协调其行为。同样，Anderson & Narus（1990）认为，"一旦信任建立，公司就应该认识到合作、联合的行动将会产生其单独行动所不能带来的利益"。Morgan & Hunt（1994）所提出的 KMV 模式也提出关系中介变量"信任"与"关系承诺"会同时直接影响合作的产生，并且最后也指出在这些关系结果中，"合作"是关系营销成功的关键要素。

同时，中间商也愿意积极参与公司的发展和管理，因为他们相信其投入和贡献是被公司认为是很重要的、有价值的（Hirschman，1970）。根据有关研究，中间商在一次不满意的购买体验后，向公司抱怨的可能性是由他们感觉该抱怨是否值得以及是否可以促使服务传递发生改变而决定的（Singh，1990b）。中间商参与行为时，愿意为与自己维持关系的企业提供建议和批评。根据社会交换理论的解释，只有中间商信任企业，才会愿意进一步参与服务，以求双方都能因这段关系而获利。所以，信任与顾客的参与行为具有正向的关系。

在相关的研究中，信任与承诺是企业之间进行深层次合作的重要基础。Coughlan；Louis. Stern；Erin Anderson；Adel I. El-Ansary 等指出，建立联盟需要双方的承诺，如果没有高度的信任，承诺是不会产生的。否则，建立的渠道联盟关系就会解体。可见，信任与共生行为也是正相关的关系。

3. 承诺与中间商的自发行为

承诺具有价值共享、保持关系的意愿和关注伙伴方成长繁荣等特点（Gundlach et al. , 1995；Kelley and Davis, 1994；Mowday et al. , 1982）。作为社会交换的一个指标，承诺意味着创造成功关系和使双方满意与受益所具有的更高水平的义务（Gundlach et al. , 1995；Morgan and Hunt, 1994）。因此，承诺和忠诚行为是不同的。承诺是对公司的一种态度，该态度会创造出各种各样的有益的行为，包括但不仅仅局限于忠诚行为。

通常人们认为保持与中间商长久的关系可以获得更多的价值，这样他们的承诺越高，高度忠诚的中间商会因过去获得的利益而愿意站在公司立场做出努力（Chonko, 1986；Mowday et al. , 1982）。同样，忠诚的中间商或许愿意表现出自发行为，因为他们同公司的目标和价值观一致，对公司的成长与繁荣也很感兴趣（Bhatta-charya et al. , 1995；Chonko, 1986）。Chonko（1986）认为承诺会产生功能性行为模式，其特点是：（1）因组织原因的个人支出；（2）行为中的坚持，这些行为不仅仅取决于奖励或是惩罚；（3）对组织的个人关注（如在组织活动中投入个人时间）。

研究发现，承诺和各种积极行为正向相关，这些积极行为包括保留和保留倾向（或不离开）（Morgan & Hunt，1994；Mowday et al.，1982；O'Reilly & Chatman，1986）、顺从（Morgan & Hunt，1994；Mowday et al.，1982；O'Reilly & Chatman，1986；Van Dyne et al.，1994）、合作（Morgan & Hunt，1994）、参与组织管理（O'Reilly & Chatman，1986；Van Dyne et al.，1994）和金钱上的贡献（O'Reilly & Chatman，1986）。承诺还可以使企业与中间商建立更紧密的共生关系，成为未来竞争者的进入壁垒（Louis Stern，Adel l. E-Ansary，2003）。

三、关系结合方式、关系质量及中间商自发行为相关的研究模型

1. Morgan 和 Hunt 的 KMV 模型

Morgan 和 Hunt 在其论文 *The Commitment-Trust Theory in Relationship Marketing* 中，率先提出了著名的承诺-信任理论。作者指出关系营销是指所有旨在建立、发展和维持成功关系交换的营销活动，并从关系营销投入产出分析的角度，建立了 KMV 模型。该模型以关系承诺和信任为关键中间变量，以关系终止成本、关系利益、共同的价值观、沟通和机会主义行为作为影响二者的五个重要因素；承诺与信任导致的结果是：默许、离开倾向、合作、友善解决冲突及决策的不确定性。

本书认为该模型将关系影响因素、关系品质以及关系结果三者联系起来进行研究，为以后的研究打下了良好的基础，并明确提出了将承诺和信任作为关系品质的中介变量的研究结论。对关系的影响因素从经济的角度（关系终止成本、关系价值）、社会的角度（共享价值观、沟通）和行为的角度（机会主义行为）三个方面进行了分析，体现了关系保持是受到不同层面的因素影响的。从关系结果看，关系品质的水平对保持双方的关系至关重要，对长期关系

保持的行为结果，包括默许、离开倾向、合作、友善解决冲突和决策的不确定性等方面进行分析，对双方关系的管理有着积极的指导意义。但该模型也有一些缺陷，表现在对影响关系的结构性方面的因素没有考虑，而且满意在许多研究中，尤其是在渠道成员关系的研究中，一直是非常重要的中介变量，而该模型没有涉及，在关系结果中，对中间商的参与和共生行为缺乏研究，这些行为对于双方关系的保持，提高整体竞争优势有着举足轻重的作用。

2. Dupont（1998）的承诺-信任模型

Dupont（1998）归纳整理关系营销的相关文献后，提出以承诺、信任为中介变量，转换成本、关系利益、共享价值、沟通、投机主义行为为影响因素，并采用顾客保持作关系结果的观念性架构，从顾客效用的观点探究顾客拥有的效用（Consumer-owned Utilities，COUs）。研究指出价格仅是一项根本的要素，而只有顾客关系的建立与维持才能得到真正的竞争优势，关系营销所强调的是经由信任与承诺而获取顾客，其"承诺-信任"模型如图3-2所示。

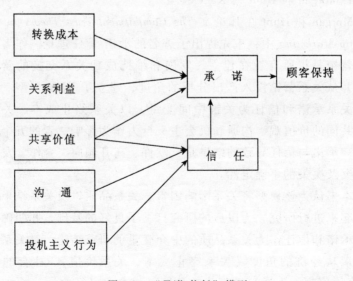

图 3-2 "承诺-信任"模型

Dupont 提出的 COUs 模型更能说明承诺与信任的水平和关系层级以及策略方法的相互关联性，指出信任与承诺是维持顾客的要素，信任对于和服务相关的公司而言特别重要，因为服务是无形的，在买前无法评估其价值。

该模型对关系影响因素、关系水平和关系结果之间的相互关系进行了讨论，但是，作者仅将顾客保留作为惟一的关系结果，显然是不够完整的。其缺陷也是明显的。可能的原因在于所研究的顾客是消费者个人。

3. 关系营销结果的整合模型

Hennig-Thurau 等人（2002）整合关系利益与关系品质的概念，发展出"关系营销结果整合模型"（如图 3-3 所示）。该模型对关系利益、关系品质和关系结果的相互关系进行了构建。

关系利益分为信心利益、社会利益、特殊待遇利益，关系品质有两个组成构面，分别是满意与承诺，关系结果则由口传与顾客忠诚组成。研究的主要目的是希望通过关系利益与关系品质的关系，来了解对于顾客忠诚和口碑行为的影响，在参考了相关的理论文献后，提出"关系营销结果整合模型"。该模型的研究对象是美国地区服务业的顾客，探讨三种关系利益对顾客忠诚的影响，通过关系品质的中介作用传递关系利益对关系结果的影响，实证结果支持了所提出的模式，其中"满意"、"承诺"、"信心利益"及"社会利益"对于服务业关系营销结果有较明显的贡献。

该模型将影响关系品质的因素从关系利益的角度来研究，将满意作为关系品质的中介变量，弥补了前面研究模型中的不足，但却将另一个重要的变量信任放弃了，而对顾客行为的研究，也仅从忠诚的角度进行，显得不够完整。

4. 顾客保留项目模型

顾客保留项目模型是 M. 摩根、N. 克拉迟费尔德和拉塞尔·雷特提出的。该模型认为经济内容、资源内容和社会内容是顾客关系保留项目的起点。经济内容包括参与关系的经济利益和成本，它为保持双方的关系提供了动机，使得合作变得更有吸引力，因为人们能够预期经济回报的增加，从而乐于保持关系。但这种关系并不

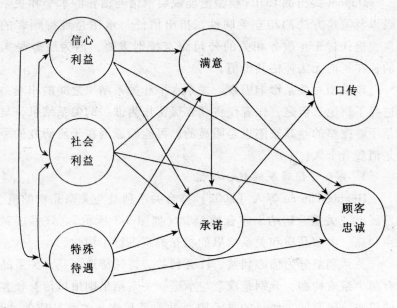

图 3-3　关系行销结果整合模型

资料来源: Hennig-Thurau T. , Kevin P. Gwinner. & Dwayne D. Gremler
(2002). Understanding Relationship Marketing Outcomes—An Integration of
Relational Benefits and Relationship Quality. Journal of Service Research,
Vol. 4 (Feb.), pp. 230-247.

足以体现长期性,它将维持双方关系的其他内容排除了。资源关系
是关系双方为了获得从别处无法获得的资源而建立的长期关系。如
供应商为寻求宝贵的分销机会、更高的销售额以及信息反馈等来提
高竞争力,从而增强双方的关系。这种关系内容通过资源的稀缺性
来维持长期的关系。社会内容表明,维持双方关系仅靠经济内容和
资源内容是不够的,双方还需要通过一个沟通的平台,从人际的角
度进行联系,使得双方的关系变得更加默契。模型将忠诚和信任作
为中介变量,从而影响双方关系结果。顾客忠诚的六个结果项目是
顾客保留、顾客份额、顾客推荐、合作、促销费用和产品开发费
用,见图3-4。
　　该模型从顾客忠诚的态度和行为的角度研究顾客的忠诚问题,

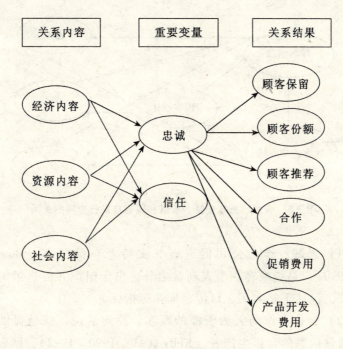

图 3-4　顾客保留项目的模型

将影响忠诚的前置因素从经济的、资源的和社会的角度进行分析，对双方关系的保持起着重要作用，而且这样的分类与 Berry 和 Parsuraman（1991）及 Berry（1995）所探讨的关系结合方式中的财务性结合、社会性结合以及结构性结合是一致的。

5. 顾客自发行为模型

Bettencourt（1997）在其论文 *Customer Voluntary Performance——Customers as Partners in Service Delivery* 中，首次提出了顾客自发行为的概念，认为顾客自发行为是指支持公司传递服务质量的有益的、自愿的顾客行为，通过多种角色为企业的服务质量作贡献，如公司的促进者（支持）、公司服务的合作生产者和组织的咨询者，并建立了顾客自发行为模型，如图 3-5 所示。在该模型中，作者将顾客满意、顾客承诺、顾客感知支持作为影响顾客自发行为的前置变量，探讨满意、承诺和顾客感知支持对顾客自发行为的影响。

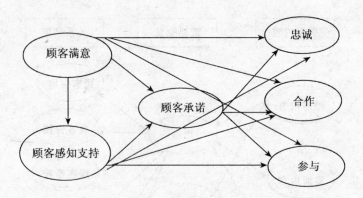

图3-5   满意、感知支持、承诺和顾客自发行为间的关系

（1）忠诚：作为公司促进者（支持者）的顾客（Bowers et al.，1990），是指顾客在个人利益之外，忠于组织并促进组织利益的增长，包括重复购买、口传、推荐等指标。

（2）合作：作为人力资源的顾客，换句话说，就是提供生产力和质量信息的合作生产者（Kelly et al.，1990，1992），顾客对他们在服务接触过程中扮演什么角色和怎样扮演这些角色等问题已经有很清楚的定义（Kelley et al.，1990，1992；Mills and Morris，1986；Solomon et al.，1985）。这些顾客行为促进了他们与接触人员的互动，甚至对其他顾客也有重要意义（Bateson，1985；Bitner et al.，1994；Martin and Pranter，1989）。

（3）参与：作为组织咨询者的顾客（Schneider and Bowen，1995；Wolstenholme，1988）。

作者通过文献的回顾，探讨了满意、承诺与顾客参与和顾客自发行为之间的相互关系，提出了12个研究假设，包括顾客承诺同顾客忠诚、合作和参与正向相关；整体顾客满意和顾客承诺正向相关：整体顾客满意和顾客忠诚正向相关，和顾客合作正向相关，和顾客参与负向相关；顾客满意和顾客感知支持正向相关；顾客感知支持和顾客承诺正向相关；顾客感知支持和顾客忠诚、顾客合作、顾客参与正向相关。研究结果验证了其中的8个假设。其中整体满意和顾客忠诚、合作行为间关系的假设没有得到支持；如果在模型中同时考虑承诺和满意的影响，感知支持和顾客忠诚行为之间没有显著的相关关系，其假设也不成立。

Bettencourt（1997）首次提出的顾客自发行为的探索性模型，对影响自发行为的前置因素进行了研究。这种新的研究视角，不仅站在保持顾客的角度，而且从组织公民行为的角度，研究其自发行为，其研究的关系更为紧密，为更进一步地探讨顾客关系提供了一个新视角。但在研究中，作者并没有对影响满意、承诺的因素进行考量，为我们的研究提供一个新的视点。

6. 顾客自发行为的扩展模型

中国台湾省学者林亚萍（2004）利用 Morgan 和 Hunt（1994）的承诺-信任理论模型，将顾客的自发行为（忠诚、参与和合作）作为关系品质的产出变量进行研究。其模型如图 3-6 所示。

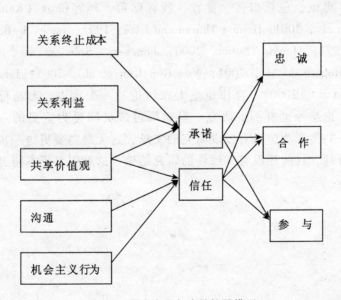

图 3-6　顾客自发行为的扩展模型

比较林亚萍（2004）和 Bettencourt（1997）的研究模型，本书认为林亚萍的研究视角比 Bettencourt（1997）进了一步，从关系影响因素到关系结果进行研究，同时还将承诺和信任作为中介变量进行了考察。由于 Morgan 和 Hunt（1994）的承诺-信任理论模型本身的一些缺陷，我们认为对顾客自发行为还可以从其他视角进行探讨。

总之，在上述模型中，虽然学者们对影响关系品质的前置变量进行了考察，但还没有形成共识，有从人际关系视角研究的，也有从关系利益角度研究的，但少有从关系的结合方式角度进行研究。在对关系质量这一中介变量的研究中，学者们基本上只是研究了关系质量的两个维度，要么是承诺和信任，要么是满意与承诺或满意与信任，将三者综合起来进行研究的并没有。因此，满意、信任、承诺作为中介变量到底如何影响中间商自发行为，还缺乏实证方面的研究。

同时在顾客自发行为的相关研究中，大部分学者研究的重点还是顾客忠诚，包括口传、推荐、顾客保留、顾客份额（Keith Roberts et al.，2001；Hennig-Thurau and Klee，1997；James S. Boles et al.，1997；Hennig-Thurau，2000；James S. Boles et al.，1997；Keith Roberts et al.，2001；Woo Gon Kim et al.，2002；James S. Boles et al.，2000）。合作也是大家讨论的一个重点，参与行为如建议、抱怨等也有不少研究。但对渠道成员间更为重要的一个变量——共生行为，没有发现研究的文献，这无疑需要更进一步的研究。而且，目前还没有一致性的研究结论，这就引发了本研究的论题。

第四章
研究设计

本章主要是构建研究架构，说明问卷设计过程、变量的测量方法和数据分析方法。第一节是建立本研究的架构，并提出研究假设；第二节说明测量项目的理论基础、产生过程以及本研究对变量的测量；第三节是问卷的前测分析及结果，目的是验证问卷的可行性，发现可能存在的问题，以进行修改；第四节是问卷设计，主要是介绍研究对象和抽样设计；第五节说明本研究使用的数据分析方法。

第一节　研究架构与研究假设

一、研究架构

根据前面的文献回顾及推演可知，不同的关系结合方式（包括财务性结合、社会性结合、结构性结合）可能引致不同的中间商自发行为（包括中间商忠诚行为、中间商参与行为、中间商合作行为、中间商共生行为），但本研究认为，这些行为结果是通过关系品质（包括满意、信任、承诺）的中介作用来达成的，其作用路径如图4-1所示。或者换句话说，各种关系结合方式对中间商自发行为的影响会因关系品质的不同而有所不同。因此，关系品质成了一个重要的中介变量。

同时，由于中间商的类型不同，所以即使在相同的关系结合方式下，其与供应商的关系品质也可能不同，根据传递原则，中间商自发行为也可能不同，因此在本研究中，我们把中间商类型作为一个重要的调节变量来进行考察。

这样，我们就建立了本研究的构架，见图4-1。在此基础之上，我们还提出了相关研究假设，也将其标示在图4-1对应的箭线上。

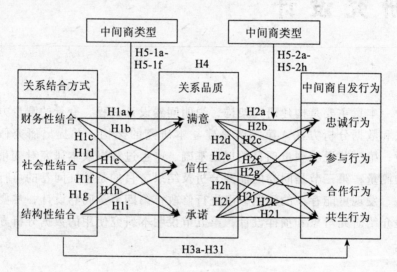

图4-1　研究架构

二、研究假设

1. 关系结合方式与关系品质

有关关系结合方式与关系品质间的关联性分析已有不少学者探讨过。中国台湾省学者江美仪（2001）和谢依静（2000）通过研究发现，三种关系结合方式均与顾客（包括中间商）的信任和承诺高度相关。中国台湾省学者陈怡怜（2000）在研究中也发现，关系结合方式与关系品质间存在显著的正相关关系。Wulf, Oderken-Schroder 和 Lacobucci（2001）在关系营销的研究中也提到，关系结合方式将透过顾客感觉到的关系投资程度间接地影响关系品质。由此可以推知，作为顾客一部分的中间商，关系结合方式同样会正向地影响其关系品质。

关于财务性结合，Berry 和 Parasureman（1991）认为，企业通过营销组合中的价格类型，即通过财务性结合可促使一般的消费者成为经常购买的顾客。通常价格越贵的产品，消费者的涉入程度会越高。当涉入程度高时，顾客会对产品较重视，所以当企业采取财务性结合方式时，在价格上给予顾客较大的优惠，如在长期往来的过程中给予其价格上的优惠、赠品、累积点数，消费者会体会到企业的努力，因此对企业满意、信任与承诺的程度将会提升（Robertson，1985）。Baker, Simpson 和 Siguaw（1999）也指出，当企业为顾客作更多的努力时，顾客对企业会更加满意。De Young（1986）通过对消费者市场的研究也发现，财务性结合方式与程度的深浅，将会对顾客满意程度有所影响。中间商是顾客的一部分，因此，上述推论对中间商同样成立，由此可以假设财务性结合对中间商的满意、信任和承诺会有正向的关系。

社会性结合主要强调企业与顾客建立友谊般的情感关系，意指企业的服务人员与顾客发展友谊或情感上的人际关系。Smith（1998）在关系营销的相关研究中发现，社会性结合与关系品质有正向的关系。Berry 和 Parasurman（1991）则指出，社会性结合重视与顾客保持联系，有利于建立良好的信任与满意度。Wilson（1995）认为，社会性结合代表买卖双方的人际友谊，当彼此存在强烈的人际关系时，对维系关系的承诺会显著增加。Lars-Erik Gadde Ivan Snehota（1992）的研究也指出，两个伙伴之间的交互作用如果是比较密切的，他们会有更多的互相依赖的机会，因此也会影响彼此的承诺与信任。由上可以推知，社会性结合与中间商的满意、信任、承诺应有正向的关系。

结构性结合主要是顾客与企业操作系统间的联结，顾客可与企业的人员、信息等直接接触，企业除提供例行性的作业内容外，还提供多样化与顾客化的增值服务。Berry 和 Parasurman（1991）指出，结构性结合强调以专属资产来创造顾客价值，因此可形成顾客的忠诚度。Han 和 Wilson（1993）则指出，在复杂的购买情境中，结构性结合较强的企业，在长期关系的维持上，较结构性结合较弱的企业有更强的承诺。Wilson（1995）认为，结构性结合随着投资量、调适程度、共享技术的累积而发展，当结构性结合形成之后，关系双方体会到资源的不可回复性，因此关系双方不会轻易断绝往来，也就是说，顾客对企业的承诺会提高。Jagdish 和 Atul（1995）指出，顾客除了寻求所谓的选择过程例行化外，还尝试着在现有的关系中寻求变化，为寻求进一步的替代物与信息，从而改变现有的关系。因此，当企业采取结构性结合方式时，企业可以凭借与顾客直接的接触来努力了解顾客所发生的变化，并有针对性地提供更加多样化与更加顾客化的增值服务，从而提高顾客的满意度。此外 Ganesan，Shankar（1994）还发现，对伙伴有特别的投入时，可让伙伴增加更多的信任。由此可知结构性结合与中间商的满意、信任和承诺有正向相关关系。

根据上述文献与推论，我们提出如下假设：

H1：各种关系结合方式对关系品质有显著正向影响

H1a：财务性结合对中间商满意有显著正向影响

H1b：财务性结合对中间商信任有显著正向影响

H1c：财务性结合对中间商承诺有显著正向影响

H1d：社会性结合对中间商满意有显著正向影响

H1e：社会性结合对中间商信任有显著正向影响

H1f：社会性结合对中间商承诺有显著正向影响

H1g：结构性结合对中间商满意有显著正向影响

H1h：结构性结合对中间商信任有显著正向影响

H1i：结构性结合对中间商承诺有显著正向影响

2. 关系品质与中间商自发行为

中间商有意愿与企业维持长期关系，甚至有自愿有利于企业的中间商自发行为产生。Bettencourt（1997）在其研究中指出，顾客自发行为（包括中间商自发行为）产生的前提条件是顾客满意、顾客信任、顾客承诺和顾客知觉支持（Perceived Support for Customer），这些条件即强调了一系列与关系品质相关的因素。通常关系品质越高，中间商的自发行为就越多，由此可以推知中间商自发行为与关系品质存在显著的正相关关系。

Bettencourt（1997）在其研究中提出了顾客知觉支持的概念，顾客知觉支持就是"顾客所感受到的组织对其贡献和福利的关心程度"，是一种整体的信念。根据社会交换理论的观点，如果顾客感受到了良好的组织支持，顾客会产生更高的满意水平，会更多地对企业做出承诺，并且相信企业会采用公平及可信赖的行为来对待他们（Clemmer and Schneider，1996；Eisenberger et al.，1990），所以以顾客知觉支持为发端，通过影响关系品质，最终导致不同的顾客自发行为。

对中间商来说，情况是相同的。如果中间商感受到组织对其提供了支持，他就会感受到组织的信任，这样中间商就相信企业的承诺（Morgan and Hunt，1994），由此产生较高的忠诚度（谢福树，2001）。Crosby et al.（1990）也在其关系品质模式研究中证实了关系品质（满意、信任）对忠诚度的影响。如果中间商一旦产生忠诚，就会与企业进行更多的接触，这将会强化中间商的信念，即中间商会认为企业确实关心他们，并将他们当做重要的顾客。从中间商的观点来看，关系的建立依靠中间商与企业的每次接触，通过检验企业是否能遵守承诺，形成中间商整体的满意和未来是否与企业继续业务上往来的意愿，并由此决定是否与企业合作，是否继续对企业忠诚，是否对企业提供有利行为，是否支持企业的发展等（Bitner，1990）。此外，Morgan & Hunt（1994）在其提出的 KMV 模式中也假设了关系的中介变量"信任"和"承诺"会直接导致顾客自发行为（包括中间商自发行为）中"共生行为"的产生。

再从社会交换理论看，一个中间商对企业行为越满意，越信任企业，就越愿意参与企业的发展与建设，同时对企业也越忠诚（Anderson & Sullivan，1993；Brady & Robertson，2001；Homburg & Giering，2001；Howard & Sheth，1969；Reichheld & Sasser，1990；

谢福树，2001），此时中间商的参与行为、合作行为和共生行为自然增多。

根据上述文献与推论，我们得出如下假设：

H2：关系品质对中间商自发行为有显著的正向影响

H2a：中间商满意对其忠诚行为有显著正向影响

H2b：中间商满意对其参与行为有显著正向影响

H2c：中间商满意对其合作行为有显著正向影响

H2d：中间商满意对其共生行为有显著正向影响

H2e：中间商信任对其忠诚行为有显著正向影响

H2f：中间商信任对其参与行为有显著正向影响

H2g：中间商信任对其合作行为有显著正向影响

H2h：中间商信任对其共生行为有显著正向影响

H2i：中间商承诺对其忠诚行为有显著正向影响

H2j：中间商承诺对其参与行为有显著正向影响

H2k：中间商承诺对其合作行为有显著正向影响

H2l：中间商承诺对其共生行为有显著正向影响

3. 关系结合方式与中间商自发行为

关系结合方式与关系品质有正相关关系，关系品质对中间商自发行为也存在正向的影响，根据传递原理，可以推知关系结合方式对中间商自发行为有正向影响。

Christy, Oliver & Penn（1996），Evans & Laskin（1994），Shani & Chalasani（1992）等指出，关系营销的实施能促使顾客忠诚度的提升。Peltier & Westfall（2000）以及 Kristof, Gaby & Dawn（2001）也发现，关系结合方式对顾客忠诚度有显著性的影响，并认为结构性结合方式最好。陈丽雅（2001）以证券为研究对象，探讨关系结合方式与顾客忠诚度的关系，发现除财务性结合对顾客忠诚度无显著影响外，社会性及结构性结合方式对顾客忠诚度都有显著性的正向影响。吴勇德（2002）以信息教育业为研究对象，其研究结果也表明较高的关系品质会导致较高的顾客忠诚度，且关系品质对顾客忠诚度的影响会因产品涉入程度及关系期间的不同而有不同的显著正向影响。

关于关系结合方式对中间商参与、合作和共生行为的影响，一些研究是通过互动强度来揭示的。互动强度是指企业与顾客之间为了个人或业务目的而直接或间接接触的频率。Williamson（1983）指出，无论企业采取何种关系结合方式，都可能增加企业与中间商间的互动强度。与中间商保持联络被认为是企业维持与中间商关系的重要的一环（Crosby，1984）。有关知觉研究的文献指出，中间商认为经常与企业保持互动，比起一次性的互动会产生较为契合的感觉，并会导致更多的参与、合作和共生行为（Neuber & Fiske，1987）。Mohr & Nevin（1990）也认为，由关系结合方式引发的互动是产生参与、合作和共生行为的前提之一。

根据上述文献与推论，我们得出如下假设：

H3：各种关系结合方式对中间商自发行为有显著正向影响

H3a：财务性结合方式对中间商忠诚行为有显著正向影响

H3b：财务性结合方式对中间商参与行为有显著正向影响

H3c：财务性结合方式对中间商合作行为有显著正向影响

H3d：财务性结合方式对中间商共生行为有显著正向影响

H3e：社会性结合方式对中间商忠诚行为有显著正向影响

H3f：社会性结合方式对中间商参与行为有显著正向影响

H3g：社会性结合方式对中间商合作行为有显著正向影响

H3h：社会性结合方式对中间商共生行为有显著正向影响

H3i：结构性结合方式对中间商忠诚行为有显著正向影响

H3j：结构性结合方式对中间商参与行为有显著正向影响

H3k：结构性结合方式对中间商合作行为有显著正向影响

H3l：结构性结合方式对中间商共生行为有显著正向影响

4. 关系品质的中介作用

关于关系品质的中介作用，很多文献已经涉及。如 Dwyer，Schurr & Oh（1987）、Moorman，Deshpande & Zaltman（1993）、Morgan & Hunt（1994）等都把关系品质中的信任和承诺两个维度当做主要的中介变量，其中在 Morgan & Hunt（1994）提出的"关系营销承诺-信任理论"中，更是把信任和承诺当成了最主要的中介变量。而 Ovel（1999）等则把满意当做中介变量。由此我们得出如下假设：

H4：各种关系结合方式会通过关系品质的中介作用间接影响中间商自发行为

5. 中间商类型的调节作用

关系营销的实施对象不同，关系营销所产生的效果也不一样（Harrigan，1985）。因此，对中间商而言，即使在同样的关系结合方式下，关系品质也可能随中间商类型的不同而不同。可以认为，在既定的关系结合方式下，工业品中间商、消费品中间商与供应商的关系品质是不一样的。

对工业品中间商而言，由于所经营产品的价值相对较大，所以供应商实施财务性结合对中间商影响相对较大，由此可以推知，财务性结合对工业品中间商满意、信任、承诺的影响大于对消费品中间商满意、信任、承诺的影响。另外，工业品中间商面临相对较少的供应商，因此供应商所实施的社会性结合容易在工业品中间商心中形成记忆，并更容易根据社会交换理论来决定自己的行为，可以推知，社会性结合对工业品中间商满意、信任、承诺的影响大于对消费品中间商满意、信任、承诺的影响。此外，产品性质决定工业品相对消费品而言可能技术含量更高，因此工业品中间商可能比消费品中间商需要更多的技术指导，可能需要更多的个性化或售后服务，还可能需要更多的创新性产品或服务，以及更多的结构性交往，由此可以推知，结构性结合对工业品中间商满意、信任、承诺的影响大于对消费品中间商满意、信任、承诺的影响。

根据上述推论，我们提出如下假设：

H5-1：在既定的关系结合方式下，工业品中间商、消费品中间商与供应商的关系品质是不一样的

H5-1a：财务性结合对工业品中间商满意的影响大于对消费品中间商满意的影响

H5-1b：财务性结合对工业品中间商信任的影响大于对消费品中间商信任的影响

H5-1c：财务性结合对工业品中间商承诺的影响大于对消费品中间商承诺的影响

H5-1d：社会性结合对工业品中间商满意的影响大于对消费品中间商满意的影响

H5-1e：社会性结合对工业品中间商信任的影响大于对消费品中间商信任的影响

H5-1f：社会性结合对工业品中间商承诺的影响大于对消费品中间商承诺的影响

H5-1g：结构性结合对工业品中间商满意的影响大于对消费品中间商满意的影响

H5-1h：结构性结合对工业品中间商信任的影响大于对消费品中间商信任的影响

H5-1i：结构性结合对工业品中间商承诺的影响大于对消费品中间商承诺的影响

即使是同样的关系品质，不同类型的中间商的自发行为反应也可能不一样。以工业品中间商和消费品中间商为例，在同样的关系品质条件下，工业品中间商的自发行为反应可能比消费品中间商的自发行为反应更大。消费品中间商面临更多的供应商和更多的品牌选择，因此即使有了满意、信任或承诺，也不一定会有相应的忠诚、合作、参与、共生行为，这是由消费环境和消费特性决定的。而工业品中间商却不一样，相对有限的供应商和品牌选择可能会使信息相对对称一些，因此工业品中间商的满意、信任和承诺在一定程度上和自发行为是紧密联系在一起的。另外还有一个原因，就是工业品中间商的数量一般较消费品中间商的数量更为有限，所以供应商对工业品中间商的争夺可能更加激烈，如前所述，产品特性决定工业品一般有较高的技术含量，较高的技术含量就决定了供应商对中间商的选择比较严格，而且一旦选定，就意味着供应商必须有较大的支出，诸如对中间商进行技术培训、技术支持，以及相关的软硬件配套设施的投入等，如果再考虑可能存在的商业秘密，这就意味着对供应商来说，中间商的退出是一个较大的损失，因此，供应商会千方百计留住工业品中间商；而对中间商来说，情况可能刚好相反，因为工业品中间商获得的技术和支持可能会使他在选择后面的供应商时加大谈判筹码，导致其退出壁垒相对较低，转换成本不高。所以对工业品中间商来说，更好的关系品质可能意味着更多的中间商自发行为，而更差的关系品质则可能意味着更少的中间商自发行为。也就是说，工业品中间商比消费品中间商对关系品质的自发行为反应可能更加强烈。

根据上述推论，我们提出如下假设：

H5-2：工业品中间商与消费品中间商对关系品质的自发行为反应是不一样的

H5-2a：工业品中间商满意对其忠诚行为的影响大于消费品中间商满意对其忠诚行为的影响

H5-2b：工业品中间商满意对其合作行为的影响大于消费品中间商满意对其合作行为的影响

H5-2c：工业品中间商满意对其参与行为的影响大于消费品中间商满意对其参与行为的影响

H5-2d：工业品中间商满意对其共生行为的影响大于消费品中间商满意对其共生行为的影响

H5-2a：工业品中间商信任对其忠诚行为的影响大于消费品中间商信任对其忠诚行为的影响

H5-2b：工业品中间商信任对其合作行为的影响大于消费品中间商信任对其合作行为的影响

H5-2c：工业品中间商信任对其参与行为的影响大于消费品中间商信任对其参与行为的影响

H5-2d：工业品中间商信任对其共生行为的影响大于消费品中间商信任对其共生行为的影响

H5-2e：工业品中间商承诺对其忠诚行为的影响大于消费品中间商承诺对其忠诚行为的影响

H5-2f：工业品中间商承诺对其合作行为的影响大于消费品中间商承诺对其合作行为的影响

H5-2g：工业品中间商承诺对其参与行为的影响大于消费品中间商承诺对其参与行为的影响

H5-2h：工业品中间商承诺对其共生行为的影响大于消费品中间商承诺对其共生行为的影响

第二节 变量的定义与测量

对变量进行操作性定义是对变量进行测量的前提，本研究需要定义的变量包括关系结合方式及其对应维度，即财务性结合、社会性结合、结构性结合；关系品质及其对应维度，即满意、信任、承诺；中间商自发行为及其对应维度，即忠诚行为、共生行为、参与行为、合作行为。

变量的测量（Measurement of the Variable）是研究设计中非常重要的环节之一。本研究涉及的主要变量包括关系结合方式、关系品质、中间商自发行为等，关系结合方式、关系品质、中间商自发行为都有相对不太成熟的量表。因此，本研究的关系结合方式、关系品质、中间商自发行为的量表先是在已有文献的基础上进行修订和借鉴，主要借鉴国外已发表的学术论文以及优秀博士论文中相关变量的测量，由作者本人将这些量表翻译成中文，再请两名英文专业和两名营销专业的博士审查修改，坚持在保留原意的同时，在语言上让填答者容易理解，不致产生分歧。除此之外，还主要通过访谈增补符合我国实际情况和本研究要求的测量项目。然后请有关专家对量表中的项目逐一对比讨论，根据中国文化进行调整和改进。在这些工作完成之后，开始形成预试问卷。为确保问卷的质量，接着再对预试问卷进行了前测，目的是让受测者试填问卷，对问卷的测量项目进行净化。最后形成正式调查问卷。

一、关系结合方式及其维度的定义与测量

1. 定义

有关关系结合方式的最早探讨来自 Turner。早在 1970 年，Turner 就在实证研究的基础上将关系结合方式分为两种：人员性结合与任务性结合。Turner 认为，人员性结合是成员间在满意和信任基础上发展起来的一种紧密结合的社会关系，不带有经济性动机；任务性结合则是在买卖基础上形成的，其经济性和功利性倾向非常明显。

在 Turner 研究的基础之上，Berry & Parsuraman（1991）及 Berry（1995）将关系结合方式归纳为三种：财务性结合、社会性结合和结构性结合。其中财务性结合是最浅层的形式，最容易模仿；结构性结合则程度最深，Berry（1995）认为这种结合方式真正地能为企业创造长期而实质的竞争优势。

此外，Kolter（1992）则依据企业市场顾客的多寡和本身想获取的利润来决定与顾客维持关系的深浅，进一步将关系结合方式分为五类：基本型结合、反应型结合、责任型结合、主动型结合和合作型结合。Williams，Han & Qualls（1998）则将关系结合方式分为社会性结合和结构性结合两种。Armstrong & Kolter（2000）也指出，营销人员可通过多元化营销工具的辅助作用来发展与顾客间的关系，并提出了与 Berry & Parsuraman（1991）相同的关系结合方式。Peltier & Westfall（2000）则在整合 Reidenbach & McClung（1999）成果的基础上，将关系结合方式分为财务性/经济性结合、社会性/反应性结合、结构性/合作性结合三种。

综合上述学者对于关系结合方式的分类，我们认为，Berry & Parasuraman（1991）及 Berry（1995）的分类方式涵盖了多数学者的定义方式，是迄今为止最为权威的一种分类方法，其实现层级由低到高，分别是财务性、社会性与结构性三种关系结合方式，关系结合所实现的层级越高，表示与顾客结合的程度越深。自 Berry 于 1995 年首次将关系营销结合的三个层面用于关系营销结构分析的参考依据后，关系营销结合的三维度作为关系营销的分析层面得到广泛应用。众多学者皆采用此结合方式的三维结构作为分析关系营销的理论基础，因此，本研究也以此结构作为进一步分析的依据。

有关关系结合方式各变量的操作性定义如下：

财务性结合。财务性结合是指企业是否提供中间商财务性利益诱因，以此作为建立、维持和提升与中间商关系的手段（Berry，1995；Morris，Brunyee & Page，1998），这里的财务性利益诱因包括长期往来的价格优惠、赠品、积点、大量购买的价格折扣以及优先服务等。

社会性结合。社会性结合是通过个人化服务传递方式来保持与中间商之间的关系，如企业人员与中间商所发展的人际关系或社会关系，如友谊、感情等；或企业提供相互沟通、发展社会关系的渠道（Berry & Parasureman，1991；Berry，1995；Beatty et al.，1996；Gwinner，Gremler & Bitner，1998；Williams，Han & Qualls，1998；Morris，Brunyee & Page，1998；Reynolds & Beatty，1999；Merrilees & Miller，1999）。社会性结合方式包括主动与中间商建立友谊、关心中间商、优惠对待中间商、人性化的沟通以及提供交流的渠道等。

结构性结合。结构性结合指企业是否为了中间商的利益，提供给中间商一些有附加值且不易自他处取得的服务，以提高中间商的转换成本，从而在结构上固化中间商与企业之间的关系（Berry & Parasureman，1991；Berry，1995；Williams，Han & Qualls，1998；Morris，Brunyee & Page，1998；Merrilees & Miller，1999）。由于企业提供的附加服务不易为竞争者模仿，所以这种结构方式真正地能为企业创造长期而实质的竞争优势（Berry，1995）。结构性结合方式包括个人化产品与服务的提供、结合其他公司以提供完整的服务、提供创新产品与新知识、更完善的客户服务以及多样化的交易与查询渠道等。

2. 测量

在 Berry & Parasuraman（1991）关于关系营销结合分类的基础上，结合 Engel，Blackwell & Miniard（1993）、Berry（1995）、Cronin（1995）、Palmer（1995）、Kumur，Sheer & Steenkamp（1995）、Beatty et al.（1996）、Peppers&Rogers（1999）、Johnson（1999），谢依静（2000）等过去有关关系营销文献的做法，作为关系结合方式各维度初步的测量项目，此部分的主要目的在于使研究问卷的测量项目具备理论基础。

在得到初步的测量项目后，为了使问卷能兼具实务应用的价值，本研究又直接进入各相关企业，包括武汉洪山区广埠屯电脑城的经销商和武汉家乐福汉阳店等，分析并归类各企业所提供的资讯，以作为修改和形成问卷的参考。

除了上述步骤外，本研究还选择两家中间商进行了深度访谈，分别是武汉创立科技有限公司和武汉源丰钢铁工贸有限公司，选择这两家中间商的主要原因是这两家中间商对于关系营销颇为重视。于是本研究针对实务上中间商是否执行关系营销、各企业所面对顾客的特殊需求种类、因应这些特殊需求的具体做法，以及企业提供的顾客服务项目、顾客使用情况以及相关批评意见等，进行了深入探讨。

经过以上几个步骤，并结合前面对关系结合方式各维度的定义与相关文献探讨，本研究初步列出中间商关系结合方式量表，其测量项目和项目来源如表4-1所示。

表 4-1　　　　　　　　　　　　中间商关系结合方式量表

关系结合方式维度及其测量项目	项目来源
一、财务性结合方式	
y11. 经常交易容易得到价格上的优惠	Berry（1995）
y12. 如果一次交易金额较大，A企业提供较优惠的价格折扣或赠品	深度访谈
y13. 收到过A企业的赠品或积点等优惠	Johnson & Leger（1999）
二、社会性结合方式	
y21. A企业会主动与我们保持沟通并建立友谊	Bendapudi&Berry（1997）
y22. A企业会主动关心我们的需求	Betty et al.（1996）
y23. A企业会主动关心我们的产品销售情况	深度访谈
y24. 在特定节日会收到A企业寄来的卡片或礼物	Cronin（1995）
y25. 虽然非A企业的业务范围，该企业也会协助我们解决问题	Betty et al.（1996）
y26. A企业会为客户举办活动、特别招待会等	Berry（1995）
y27. A企业会主动关心我们对产品的意见	谢依静（2000）
y28. 我们会收到A企业寄来的产品目录	深度访谈

关系结合方式维度及其测量项目	项目来源
三、结构性结合方式	
y31. 当客户有任何问题或抱怨时，可随时获得解决	Kumur, Sheer & Steenkamp (1995)
y32. A 企业主动了解我们的需求，供货根据我们的需求进行调整。	Beatty et al. (1996)
y33. A 企业根据我们的资料与记录来建议适合我们的购买选择	Betty et al. (1996)
y34. A 企业与物流业或广告业结合来促进我们产品的销售	深度访谈
y35. A 企业经常提供与产品相关的知识	Betty et al. (1996)
y36. A 企业经常提供新产品或服务	Mandelbaum (1978)
y37. A 企业会根据市场情况调整产品价格	深度访谈
y38. A 企业提供多样化的产品查询系统（如网络查询、交易报告及交易信息等）	Berry (1995)
y39. 对于我们选购的产品，A 企业会派专人送达并讲解使用方法或应注意的事项	Pepper & Rogers (1999)
y310. A 企业会结合相关的事业伙伴，为我们提供完整的相关服务	Mandelbaum (1978)

二、关系品质及其维度的定义与测量

1. 定义

关系品质是由许多正向关系结果所组成的高阶构念，反映关系的总体强度以及满足顾客需要和期望的程度（Smith, 1998a.）。Hennig-Thurau & Klee (1997) 认为，关系品质如同产品品质，可被视为在满足顾客关系需求上的迫切程度。通常是关系品质越高，顾客对与企业间的互动关系感到越满意，并认为该企业值得信任，进而承诺双方进一步的关系。

关于关系品质的维度，目前没有一致的定论（Kumar，Scheer & Steenkamp，1995）。Storbacka，Standvik & Gronroos（1994）在其研究中虽未界定关系品质的维度，但提了类似的概念，包含顾客满意、关系强度、关系寿命及关系获利性等。而 Grosby，Evans & Cowles（1990）、Lagace et al.（1991）、Wray et al.（1994）、Bejou et al.（1996）、Leuthesser（1997）则认为关系品质是由"信任"与"满意"两个维度组成的。Kumar，Scheer & Steenkamp（1995）却认为关系品质应该包括信任、承诺、冲突、关系持续性期望和投资意愿等五个维度。Dwyer & Oh（1987）、Kumar（1995）、Smith（1998a，1998b）、Wult et al.（2001）则认为关系品质是由"满意"、"信任"、"承诺"三个维度所组成的。Dorsch，Swanson & Kelley（1998）在总结前人概念分析的基础上，认为关系品质是由信任、满意、承诺、最小化机会主义、顾客导向和道德形象六个维度组成的。也有学者（Hennig-Thurau & Klee，1997）认为关系品质应包括整体品质的认知（Overall Quality Perception）、信赖和承诺三个维度。

本研究认为，满意、信任、承诺的维度划分较好地概括了关系品质的内容，因此本研究以此三个维度作为进一步分析的依据。有关关系结合方式各维度的操作性定义如下：

满意。满意是一种情感性的评估，可以说是中间商对与服务人员间互动经验的回应（Westbrook，1981）。Anderson & Narus（1991）认为，满意不仅可以代表关系是否有效，也可用来预测未来行动。此外，满意还被发现能导致长期导向的伙伴关系（Gladstein，1984）。因此，在关系营销中，顾客（包括中间商）满意通常被认为是代表市场绩效的主要变量（Babin & Griffin，1998），能够较好地代表关系品质（Schamdasani & Balakrishnan，2000）。

信任。信任是指中间商相信企业是可以依赖的，并且相信企业会采取对自己有长远利益的行动（Anderson & Narus，1990）。Garbarino & Johnson（1999）也认为，处于信任中的中间商通常会相信对方不会采取对自己不利的行动，并且本身也愿意采取可能具有风险的行动来表示依赖对方。Niederkofler（1991）认为，信任对合作有重要的影响，信任可以增进对彼此行为的接受度并减少冲突。在关系营销中，信任也被认为是一个可以较好代表关系品质的重要变量。

承诺。承诺是交易伙伴之间对于关系的持续暗示或明白的誓约（Dwyer, Schur & Oh, 1987）。Moorman, Deshpande & Zaltman（1993）认为"承诺乃是想要持续维持有价值关系的一种愿望"，而 Hennig-Thurau & Klee（1997）则定义"承诺是顾客对于关系长期维持的导向，不论是对关系的情绪联结，还是基于保持关系能产生较高利益的现实考虑"。可见，承诺是维持良好及长期关系的重要表现，也是成功的长期关系的必要元素（Dwyer, Schurr & Oh, 1987；Morgan & Hunt, 1994；Sharma & Patterson, 1999），同样可以较高信度地代表关系品质。

2. 测量

关系品质量表测量项目的形成同样遵循三个步骤：第一步，文献回顾，通过文献回顾找出关系品质各维度对应的测量项目，即借鉴成熟量表的测量项目；第二步，在此基础上，深入企业了解情况，并对测量项目进行修改和认定；第三步，深度访谈，补充测量项目。

经过以上几个步骤，并结合前面对关系品质各维度的定义与相关文献探讨，本研究初步列出中间商关系品质量表，其测量项目和项目来源如表 4-2 所示。

表 4-2 中间商关系品质量表

关系品质维度及其测量项目	项目来源
一、满意	
z11. 对 A 公司所提供的产品感到满意	Selnes（1993）
z12. 与 A 公司打交道使我们感觉很愉快	Crosby, Evans & Cowles（1990）
z13. 很高兴选择了 A 公司作为我们的供应商	庄景弼（1999）

续表

关系品质维度及其测量项目	项目来源
z14. A 公司所提供的产品与我心目中的理想公司是很接近的	Selnes（1993）
z15. A 公司是值得交易的好公司	Sanzo et al.（2003a, b）
z16. 我们很满意与 A 公司的工作关系	Sanzo et al.（2003a, b）
z17. 我们满意 A 公司的交货期	Tellfsen（2002）
z18. 我们满意 A 公司的整体表现	Walter et al.（2003）
z19. 我们满意 A 公司在沟通方面的做法	黄加兴（2003）
二、信任	
z21. A 公司提供的产品很实在	Doney & Cannon（1997）
z22. A 公司给我的感觉是非常可靠的	Crosby, Evans & Cowles（1990）
z23. 我认为 A 公司会优先考虑顾客的利益	Morgan & Hunt（1994）
z24. 我对 A 公司非常信任	吴勇德（2002）
z25. 我认为 A 公司会遵守其所承诺	Crosby, Evans & Cowles（1990）
三、承诺	
z31. 我们是 A 公司的忠诚顾客	Bettencourt（1997）
z32. 我们会继续在 A 公司购货	Bettencourt（1997）
z33. A 公司值得我们努力去维持双方的关系	Morgan & Hunt（1994）
z34. 即使其他公司提供了更多更佳的选择，我们也不会购买别家公司的产品	Sanzo et al.（2003b）
z35. 我们会长期在 A 公司购货与接受其他服务	Sanzo et al.（2003b）
z36. 我关心 A 公司长期的发展与成功	Morgan & Hunt（1994）
z37. 对于 A 公司在未来推出的产品（服务）以及所举办的相关活动，我们愿意去购买或参与	深度访谈
z38. 我们遇到不合理的问题，会向 A 公司外界有关单位反映	Bettencourt（1997）
z39. 我们遇到难解决的问题，会转到其他同类公司	深度访谈

三、中间商自发行为及其维度的定义与测量

1. 定义

根据社会交换理论，中间商如同员工一般，也会有很多合作的、创新的和自发的行为产生（Mills & Morris, 1986）。中间商自发行为属于顾客自发行为中的特殊情况，是指中间商并非基于自身的利益或任何条件，而做出有利于企业提升服务品质或效益的行为。中间商自发行为主要以四种方式呈现：中间商忠诚行为、中间商参与行为、中间商合作行为、中间商共生（Coproduction）行为。有关中间商自发行为各维度的操作性定义如下：

忠诚行为。忠诚行为是指中间商对于往来企业的忠贞行为，忠诚的中间商有时会超越个人利益，而首先考虑往来企业的利益。忠诚行为多以重复购买、再购意愿、中间商对于往来企业的偏好、正面口传等指标进行度量（Heskett et al., 1994；Rust et al., 1995；Zeithaml et al., 1996）。

参与行为。即中间商扮演企业咨询顾问的角色，提供企业服务传递及创新方面的资讯（Plymire, 1991）。参与行为可定义为合作伙伴共同从事规划及目标设定的程度。本研究主要指中间商愿意主动直接参与供应商的发展和建设（Van Dyne, 1994），对供应商提出建议或抱怨，进一步影响供应商的持续发展与竞争地位。

合作行为。合作行为是指中间商无条件对往来企业表示尊重，表现出一些有利于接触的行为，或者与接触员工成功地进行互动，甚至可能去影响其他的中间商或顾客。中间商在这里扮演着部分人力资源角色，如给予其他顾客建议及回答问题，或多或少地分担原先服务人员的工作等；或者配合企业的政策，与服务人员和气相待等（Mills & Morris, 1986）。

共生行为。即中间商成为企业服务的共同生产者（Coproducer），为共同目标而努力（Anderson & Narus, 1990）。在这里，中间商扮演企业内部人角色（Kelley, Skinner & Donnelly, 1992），主要表现为中间商为企业的生存与发展提供帮助。共生行为体现了双赢思想。

2. 测量

我们遵循和前面相同的步骤列出中间商自发行为量表，表 4-3 显示了中间商自发行为的相关测量项目和项目来源。

表 4-3　　　　　　　　　　中间商自发行为量表

中间商自发行为测量项目	项目来源
w1. 我们愿意继续与 A 公司交易	Bettencourt（1997）
w2. 我们会考虑交易 A 公司提供的其他产品	Bettencourt（1997）
w3. 我们会向其他公司称赞 A 公司	Bettencourt（1997）
w4. 我们会向其他公司推荐 A 公司的产品	Bettencourt（1997）
w5. 我们会向其他公司宣传 A 公司的优点	Bettencourt（1997）
w6. 我们会把 A 公司当做购买同类产品的第一选择	深度访谈
w7. 如果别家公司的产品较优惠，我们会选择其他公司的产品	深度访谈
w8. 在未来几年，我们会减少购买 A 公司的产品	深度访谈
w9. 即使 A 公司的价格调高一点，我们也愿意选择这家公司	深度访谈
w10. 即使 A 公司的产品较其他公司贵，我们也愿意与之交易	谢福树（2001）
w11. 遇到难解决的问题，我们会选择其他公司	深度访谈
w12. 遇到难解决的问题，我们会向其他公司抱怨	深度访谈
w13. 遇到难解决的问题，我们会向有关单位反映	深度访谈
w14. 遇到难解决的问题，我们会向 A 公司反映	深度访谈
w15. 我们不会因为本公司的便利而为难 A 公司	Bettencourt（1997）
w16. 在收到 A 公司发来的货物后，我们会主动回函	深度访谈
w17. 我们会尽量提供交易便利，以使交易顺利进行	谢福树（2001）

续表

中间商自发行为测量项目	项目来源
w18. 我们会事先做好交易准备工作以利交易进行	谢福树（2001）
w19. 我们会主动让 A 公司了解我们的需求	深度访谈
w20. 我们会主动告知 A 公司增进效率的办法	Bettencourt（1997）
w21. 遇到不满意的情况，我们会主动向 A 公司反映	深度访谈
w22. 我们会让 A 公司补救交易过程中疏忽的事项	Bettencourt（1997）
w23. 虽然不影响我们，但我们知道有损 A 公司的事项，也会主动告知 A 公司	Bettencourt（1997）
w24. 我们会将从其他竞争者那里得到的新想法，提供给 A 公司	谢福树（2001）
w25. 当 A 公司遇到财务困难时，我们会助其渡过难关	深度访谈
w26. 听到有损 A 公司的言论，我们会尽力维护	谢福树（2001）
w27. 主动给 A 公司介绍新客户	Bettencourt（1997）
w28. 我们关心 A 公司的生存和发展	Bettencourt（1997）

第三节　问卷前测

问卷前测的主要目的是让受测者试填问卷，通过对问卷的信度和效度进行初步分析后，删除影响问卷信度和效度的问项，使问卷的测量项目得到净化。前测阶段总共发放 128 份问卷，收回 121 份。下面介绍前测阶段的数据分析步骤和分析结果。

一、前测数据分析方法

本问卷各分量表的前测分两个阶段进行，首先，利用 Cronbach's α 系数和项目总体相关系数（Corrected Item-Total Correlation，CITC）来净化测量项目。筛选项目的标准有两个：（1）小于0.3的项目总体相关系数予以删除，修正后所有项目的项目总体相关系数（Corrected Item-Total Correlation，CITC）大于0.3。（2）删除会增加 Cronbach's α 值的项目，即删除该项目后，可提高量表的整体信度。本研究为了使测量更加严格，两个标准只要其中一个成立则删除此项目。在进行上述处理后，我们利用探索性因素分析对剩余项目作进一步精炼，分析量表的构面，有些统计学家（Nunnally，1978；Nunnally & Berntein，1994）认为，如果因子载荷低于0.5，保留该项目会对量表的效度产生影响，因此剔除该项目是通常的做法。本研究遵照这些研究结论进行操作，剔除因子载荷小于0.5的项目；此外，对于跨因子负荷项目，即该项目至少在两个因子上载荷都差不多大（都超过0.4），说明该项目定义不清，即使载荷高于0.5，也予以剔除。遵循以上原则，下面我们分别对预调查问卷进行初步分析。

二、前测数据分析结果

1. 关系结合方式

（1）项目总体相关系数和信度。

从表4-4可以看出，关系结合方式中的所有项目的项目总体相关系数均在0.337~0.680之间，均大于0.3，任何一项删除后，都不能增加 Cronbach's α 值，即所有项目都不符合删除标准，因此，在该步骤我们保留所有项目。

表4-4　　关系结合方式的项目总体相关系数和信度表

	项目总体相关系数	删除该项后的 Cronbach's α 值	Cronbach's α
y11	.373	.904	
y12	.337	.905	
y13	.435	.904	

续表

	项目总体相关系数	删除该项后的 Cronbach's α 值	Cronbach's α
y21	.652	.898	
y22	.640	.898	
y23	.535	.900	
y24	.514	.901	
y25	.429	.903	
y26	.565	.900	0.905
y27	.648	.898	
y28	.541	.900	
y31	.551	.900	
y32	.591	.899	
y33	.680	.897	
y34	.636	.898	
y35	.657	.898	
y36	.612	.899	
y37	.470	.902	
y38	.445	.903	
y39	.506	.901	
y310	.637	.898	

（2）探索性因素分析。

探索性因素分析一般通过对预试问卷进行统计分析来构造因素层面，而以最少的层面来解释全部最大的总变异量。我们选用 SPSS 13.0 统计分析软件，采用主成分分析法（Principal Components Analysis），把特征值（Eigenvalue）大于 1 作为选取因子的原则，并利用最大变异法（Varimax）作为正交转轴，取出了四个相互独立的共同因子（Common Factor）。首先去除因子载荷小于 0.5 的项目 y34，然后去除跨因子负荷项目 y32、y28（这两项同时在两个因子上的负载大于 0.4），最后去除 y36、y37 项，因为经过上述两步处理后，这两项聚合为一个因子，而根据共同因子所含项目一般大于 2 项的原则，又因为这两个项目所聚合的因子不符合本章第二节的研究结构，对该因子我们无法命名，因此我们去除该因子。接着，我们将剩余的各项纳入再一次探索性因素分析，结果如表 4-5 所示。从表 4-6 看，KMO 值为 0.839，Bartlett 球度检验给出的相伴概率为 0.000，小于显著性水平 0.05，说明样本充足度高，根据统计学家 Kasier 等给出的标准，适合作因子分析。从表 4-7 看，y21、y22 、y23、y24、y25、y26、y27 聚合为一类，为社会性结合因子；y31、y33、y35、y38、y39、y310 聚合为一类，为结构性结合因子；y11、y12、y13 聚合为一类，为财务性结合因子。三因子完全符合我们在前面提出的关于关系结合方式的理论基础和研究结构，可以作为正式问卷的测项进行调查。

表 4-5　　　　　　　　　　　关系结合方式因素分析表

	主成分因子			
	因素 1	因素 2	因素 3	因素 4
y22	.741	.069	.299	.229
y23	.702	−.070	.318	.211
y24	.697	.269	.108	−.294
y27	.694	.151	.383	.017
y32	**.555**	**.119**	**.423**	**.165**
y25	.523	.343	−.072	−.033
y26	.513	.389	.264	−.259
y21	.510	.239	.107	.244
y39	.152	.773	.045	.030
y38	−.061	.746	.220	.023

续表

	主成分因子			
	因素 1	因素 2	因素 3	因素 4
y310	.277	.729	.178	.051
y35	.147	.677	.354	.033
y31	.290	.618	.014	.303
y33	.241	.552	.225	.258
y34	**.419**	**.476**	**.398**	**−.115**
y36	**.184**	**.316**	**.743**	**.050**
y37	**.182**	**.005**	**.729**	**.281**
y28	**.422**	**.273**	**.533**	**−.104**
y11	.062	.122	.061	.867
y12	.004	.060	.161	.725
y13	.178	.268	−.215	.572

表 4-6　　　　　　　　　因子分析适合度检验

Kaiser-Meyer-Olkin Measure of Sampling Adequacy.		.839
Bartlett's Test of Sphericity	Approx. Chi-Square	1396.416
	df	120
	Sig.	.000

表 4-7　　　　　　　　　关系结合方式因素分析表

	主成分因子		
	因素 1	因素 2	因素 3
y22	**.786**	.122	.281
y23	**.756**	−.041	.231
y27	**.755**	.231	.080

续表

	主成分因子		
	因素 1	因素 2	因素 3
y24	**.727**	.251	− .273
y21	**.634**	.291	.305
y26	**.567**	.391	− .291
y25	**.588**	.281	− .040
y39	.122	**.791**	.002
y310	.273	**.751**	.096
y38	.045	**.738**	− .002
y35	.249	**.733**	.070
y33	.336	**.619**	.319
y31	.213	**.602**	.338
y11	.065	.117	**.877**
y12	.036	.071	**.736**
y13	.329	.307	**.528**

2. 关系品质

（1）项目总体相关系数和信度。

从表 4-8 可以看出，关系品质中的 $z38$、$z39$ 两项项目总体相关系数分别为 − 0.133、− 0.101，小于 0.3，删除这两个项目后整体信度有所提高，从 0.941 提高到 0.958，符合删除标准，因此予以删除。经过项目总体相关系数分析后，关系品质的项目减少了 2个，删除 $z38$、$z39$ 后的各项均符合标准，予以保留，以进一步进行探索性因素分析。

表 4-8　　　　　关系品质项目总体相关系数和信度表

	项目总体相关系数（删除前）	删除该项后的 Cronbach's α 值（删除前）	项目总体相关系数（删除后）	删除该项后的 Cronbach's α 值（删除后）	Cronbach's α
z11	.684	.937	.680	.957	
z12	.757	.936	.758	.956	

续表

	项目总体相关系数（删除前）	删除该项后的 Cronbach's α 值（删除前）	项目总体相关系数（删除后）	删除该项后的 Cronbach's α 值（删除后）	Cronbach's α
z13	.767	.936	.766	.956	初始 α = 0.941
z14	.750	.936	.756	.956	
z15	.754	.936	.756	.956	
z16	.779	.936	.772	.956	最终 α = 0.958
z17	.630	.938	.633	.957	
z18	.787	.936	.787	.956	
z19	.667	.938	.668	.957	
z21	.724	.937	.727	.956	
z22	.752	.936	.760	.956	
z23	.623	.938	.630	.957	
z24	.746	.936	.754	.956	
z25	.729	.937	.743	.956	
z31	.738	.936	.747	.956	
z32	.779	.936	.782	.956	
z33	.796	.936	.790	.955	
z34	.444	.941	.463	.960	
z35	.686	.937	.690	.957	
z36	.686	.937	.686	.957	
z37	.622	.938	.624	.958	
z38	-.133	.950			
z39	-.101	.950			

（2）探索性因素分析。

探索性因素分析结果见表4-9与表4-10。从表4-9看，KMO值为 0.945，Bartlett 球度检验给出的相伴概率为 0.000，小于显著性水平 0.05，说明样本充足度高，根据统计学家 Kasier 等给出的标准，适合作因子分析。从表 4-10 看，理论分析和研究结构中的满意与信任部分的各项合为一类，我们命名为满意信任因子，承诺部分的各项基本上没有什么变化，合为一类，即承诺因子。出现这种情况的原因可能是在中国环境下的中间商认为满意与信任是分不开的，即如果中间商满意供货商的做法，必然对其产生信任，如果信任供货商，必然对其做法满意。所以在中间商看来，满意与信任近似于一个概念。满意信任因子和承诺因子中的各个项目的负载均大于 0.5，没有出现跨负荷项目，所有项目均不符合删除标准，因此我们在正式测试中，保留该因子分析中的各个测项。

表 4-9 因子分析适合度检验

Kaiser-Meyer-Olkin Measure of Sampling Adequacy		. 945
Bartlett's Test of Sphericity	Approx. Chi-Square	3424. 435
	df	210
	Sig.	. 000

表 4-10 关系品质因素分析表

	主成分因子	
	因素 1	因素 2
z18	**.795**	. 335
z19	**.763**	. 184
z16	**.732**	. 274
z12	**.722**	. 332
z14	**.720**	. 261
z13	**.704**	. 357
z17	**.704**	. 232

续表

	主成分因子	
	因素 1	因素 2
z15	**.691**	.317
z24	**.683**	.197
z21	**.662**	.396
z22	**.653**	.304
z23	**.652**	.106
z25	**.624**	.275
z11	**.605**	.363
z37	.231	**.825**
z36	.265	**.810**
z33	.331	**.744**
z35	.240	**.725**
z32	.344	**.687**
z31	.330	**.610**
z34	.047	**.525**

3. 中间商自发行为

（1）项目总体相关系数和信度。

从表 4-11 可以看出，中间商自发行为中的 w7、w9、w12、w13、w15 五项的项目总体相关系数分别为 0.265、0.288、0.226、0.234、0.185，小于 0.3，删除这五个项目后整体信度有所提高，从 0.901 提高到 0.910，符合删除标准，因此予以删除。经过项目总体相关系数分析后，中间商自发行为的项目减少了 5 个，删除该五项后的各项均符合标准，予以保留，以进一步做探索性因素分析。

表 4-11　　　　　　中间商自发行为相关系数和信度表

	项目总体相关系数（删除前）	删除该项后的 Cronbach's α 值（删除前）	项目总体相关系数（删除后）	删除该项后的 Cronbach's α 值（删除后）	Cronbach's α
w1	.678	.894	.674	.903	
w2	.633	.895	.647	.904	
w3	.473	.898	.475	.908	
w4	.626	.894	.632	.904	
w5	.599	.895	.606	.905	初始 α = 0.901
w6	.689	.893	.702	.902	
w7	.265	.902			
w8	.467	.898	.432	.909	最终 α = 0.910
w9	.288	.902			
w10	.354	.901	.322	.910	
w11	.449	.898	.377	.910	
w12	.226	.903			
w13	.234	.903			
w14	.577	.897	.595	.906	
w15	.185	.903			
w16	.463	.898	.494	.907	
w17	.552	.897	.562	.906	
w18	.485	.898	.475	.907	
w19	.431	.898	.437	.908	
w20	.472	.898	.490	.907	
w21	.520	.897	.513	.907	
w22	.319	.900	.304	.910	
w23	.568	.896	.572	.905	
w24	.588	.895	.589	.905	
w25	.566	.896	.550	.906	
w26	.736	.893	.759	.901	
w27	.448	.898	.490	.907	
w28	.588	.896	.617	.904	

（2）探索性因素分析。

我们同样采用主成分分析法（Principal Components Analysis），把特征值（Eigenvalue）大于 1 作为选取因子的原则，并利用最大变异法（Varimax）作为正交转轴，取出了六个相互独立的共同因子（Common Factor）。首先去除因子载荷小于 0.5 的项目 w14，然后去除一个或两个测项聚合成一个因子的 w8、w10、w11 三项，但是我们保留了跨因子负荷项 w25，该项在因子 1 和因子 2 上的负荷分别是 0.413、0.615，虽然负荷超过 0.4，但两者相差较大，且该项非常符合因子 2 的理论定义，因此我们予以保留。接着我们将保留的所有项目纳入，再一次进行探索性因素分析，结果如表 4-12 所示。从表 4-13 看，KMO 值为 0.810，Bartlett 球度检验给出的相伴概率为 0.000，小于显著性水平 0.05，说明样本充足度高，适合作因子分析。从表 4-14 看，w1、w2、w3、w4、w5、w6 六个项目聚合为一类，共同反映了中间商的忠诚行为，为忠诚因子；因子 3 包括 w23、w24、w25、w26、w27、w28，反映了中间商与供应商的共生行为，为共生因子；w20、w21、w23 聚合为一类，反映中间商的参与行为，为参与因子；w16、w17、w18、w19 反映中间商主动配合供应商的工作，为合作因子。四因子完全符合我们在前面提出的关于中间商自发行为的理论基础和研究结构，可以作为正式问卷的测项进行调查。

表 4-12　　　　　　　　　　中间商自发行为因素分析表

| | 主成分因子 | | | | | |
	因素 1	因素 2	因素 3	因素 4	因素 5	因素 6
w5	**.925**	.068	.241	−.017	.093	.068
w4	**.893**	.253	.235	.214	.087	.096
w3	**.830**	−.019	.325	.199	.050	.034
w2	**.602**	.291	.032	.156	.238	.105
w6	**.603**	.337	−9.20	−.007	.141	.324
w1	**.537**	.267	.140	.159	−.002	−.146

续表

	主成分因子					
	因素 1	因素 2	因素 3	因素 4	因素 5	因素 6
w24	.189	**.782**	.071	−.014	.040	.039
w26	.247	**.774**	−.030	.050	.160	.042
w23	−.051	**.698**	.015	.196	.140	.068
w28	.329	**.621**	−.083	.326	.344	.153
w25	.413	**.615**	−.030	.182	.432	.237
w27	.322	**.551**	.309	−.096	−.266	.142
w16	.354	.113	**.818**	.190	−.109	−.060
w17	.129	.186	**.773**	.404	.116	.089
w19	.067	−.014	**.711**	.324	.131	.184
w18	.042	.012	**.671**	.456	.251	.119
w14	.306	.121	**.462**	.180	.313	.144
w22	.229	−.114	−.046	**.771**	.113	−.286
w21	.308	.100	.147	**.738**	−.026	−.116
w20	.382	.117	.012	**.584**	−.316	.130
w8	.052	.197	.278	.035	**.733**	.321
w11	.284	.264	.080	−.056	**.604**	−.323
w10	.156	.219	−.009	.033	.073	**.801**

表 4-13　　　　　　　　因子分析适合度检验

Kaiser-Meyer-Olkin Measure of Sampling Adequacy.		.810
Bartlett's Test of Sphericity	Approx. Chi-Square	913.511
	df	171
	Sig.	.000

表 4-14　　　　　　　　　中间商自发行为因素分析表

	主成分因子			
	因素 1	因素 2	因素 3	因素 4
w5	**.920**	.154	.113	−.034
w4	**.906**	.240	.002	.033
w3	**.843**	−.052	−.015	.197
w2	**.657**	.399	−.172	.345
w1	**.616**	.385	−.128	.252
w6	**.612**	.392	.017	.001
w26	.272	**.768**	.258	.228
w24	.066	**.745**	.330	.044
w23	−.005	**.674**	.331	.251
w28	.318	**.659**	.034	.168
w25	.239	**.563**	.233	.110
w27	.310	**.543**	.307	−.119
w22	−.132	.145	**.749**	.186
w21	.072	.234	**.729**	.299
w20	.062	.425	**.674**	.067
w17	.202	.155	.218	**.740**
w16	.082	.366	.094	**.732**
w18	.056	.036	.379	**.688**
w19	−.001	.079	.383	**.529**

第四节　问卷设计

在问卷前测的基础上，本研究形成正式问卷。正式问卷包括五个部分：第一部分主要调查供应商与中间商的关系结合方式，问卷按财务性结合、社会性结合和结构性结合三个维度设计了 16 个问项，其中财务性结合 3 项，社会性结合 7 项，结构性结合 6 项，要求被调查者通过填写一个李克特 7 级量表（Likert 7）来完成回答。以财务性结合方式下的第 2 题为例，题目设计为"如果一次性购买金额较大，A 公司①通常会提供较优惠的价格折扣或赠品"。答案选项为"1 = 非常不同意；2 = 不同意；3 = 基本不同意；4 = 无明显态度；5 = 基本同意；6 = 同意；7 = 非常同意"。如果回答者选"1"，代表认同度最低，即表示即使其他企业提供了更多更佳的选择，回答者所在企业也非常不可能购买别家企业的产品；如果选"7"，情况则完全相反，代表购买别家企业产品的可能性最大。问卷中各构念的其他问项均依此法设计。

第二部分调查供应商与中间商的关系品质。问卷按满意、信任和承诺三个维度设计了 21 个问项，同样以李克特 7 级量表作答，1 表示"非常不同意"，7 表示"非常同意"，得分越高代表对该问项的认同度越高。以满意程度下的第 4 题为例，题目设计为"A 公司所提供的产品与我心目中的理想公司是很接近的"。

第三部分调查中间商的自发行为，问卷按忠诚、参与、合作、共生四种自发行为方式设计了 19 个问项。题目设计原理同上。以第 6 题为例，题目设计为"我们会把 A 公司当做购买同类产品的第一选择"。

第四部分主要调查中间商的基本资料，内容包括公司成立时间、公司总人数、公司规模、公司与供应商的交往时间、公司与供应商交往的平均间隔时间，共设计了 5 个小题。

问卷正式调查于 2005 年 4 月在武汉展开。调研对象为中间商，经营业务涉及钢材、服装、药品、电器、饮料、副食、农副产品、计算机、生活用品、烟酒、电梯、图书等 40 多种，大体上可分为工业品和消费品两大类。问卷采取无记名方式，当日发放，隔日收回，也有部分是当日发放，当日收回。考虑到调查内容可能涉及一

---

①　这里的"A 公司"即为被调查者（中间商）在过去的商品或服务购买经历中光顾最多的企业（供应商）。下同。

些敏感性问题，在调查问卷的指导语中，我们明确标示了"您所填写的所有资料，仅供整体分析，是纯学术性的研究，决不对外公开，请您安心填写"等字样。本次研究共调查了 382 位消费者，收回 311 份，后经一致性检验，剔除 46 份，保留有效问卷 265 份，问卷有效率为 85.209%。

第五节 数据分析方法

本研究采用 SPSS13.0 和 Lisrel 8.5 正式版统计分析软件作为资料分析的工具。使用的统计方法主要有以下几种：

1. 描述性统计分析

描述性统计分析用以说明样本的基本特征。在本研究中，我们以平均数和标准差来描述供应商运用关系营销策略的程度，中间商对其策略的反应等，并利用独立样本的 t 检验来分析工业品中间商与消费品中间商在均值表现上的差异，以了解两者在均值表现上是否有显著区别。

2. 信度分析

信度是指测验的可信程度。本研究采用学术上经常使用的 Cronbach's α 系数来检验量表的信度，并以 Peterson（1994）所建议的 0.7 为信度标准。该信度系数可以解释量表测试某一等级所得分数的变异中有多大比例是由真分数所决定的，从而反映量表受随机误差影响的程度，反映出测试的可靠程度。

3. 效度分析

在本研究中，我们主要对效度分析中最重要的结构效度进行分析。结构效度是指某一量表是否能测量到某一理论上的结构或特质的程度（Anastasi，1990）。所谓结构，是一种理论性的概念，用来代表较抽象的特质或属性。如果量表具有良好的结构效度，它所测得的分数即可真实地反映所测量的特质，量表使用者即可依该建构的理论对所测得的结果加以诠释。结构效度多以因素分析法（Factor Analysis）、验证因素分析法（Confirmatory Factor Analysis，CFA）、多元特质-多重方法矩阵法（Multitrait-multimethod Matrix，

MTMM）来验证。本研究采用因素分析法来验证。

因素分析法是分析资料的精密统计技术，主要是提供一种简化资料结构的方法，将量表中原来含有很多变量的潜在特质，尽可能予以归并至极少变量的因素或共同特质，以简化描述特质时所使用的类别数。当一份量表经过因素分析将因素找出来后，即可了解此份量表所测量的共同特质为何，我们再利用各个因素的负荷量（Factor Loading）来表示这份量表的有效性。如果量表原来的分数结构经由因素分析后所产生的特质结构符合其理论上的结构，则表示这份量表具有良好的结构效度。

结构效度分为聚合效度与辨别效度，辨别效度的检验是根据各个项目和所衡量的概念的因素负荷量来决定；而聚合效度的检验是将各因子所属各项单独进行因素分析，如果自动聚合成了一类，没有出现一类以上的情况，说明问卷的聚合效度较好。

4. 协方差结构模型

协方差结构模型（Covariance Structure Models）主要用来考察观测变量和潜变量之间假设关系的一类统计方法，它结合了心理学研究方法中的因素分析和传统的计量经济学的联立方程模型两种统计技术，可同时处理多个外生（Exogenous）变量和多个内生（Endogenous）变量之间的关系。由于其允许变量的测量误差的存在，而优于计量经济学中的联立方程模型；同时可以按照理论加以修正，而优于普通的回归分析，可以说结构方程模型技术在用于理论模型的检测方面是非常优越的。

协方差结构模型实际上是两个模型的结合：测量模型和结构方程模型。测量模型就是验证性因素分析模型，根据观测变量来估计潜变量，这种估计通常建立在既有理论或研究假设的基础上，所谓观测变量也称为指标，是可以被直接观测到或测量到的变量，以 X（外生观测变量，因果关系中不受其他变量影响的观测变量）或 Y（内生观测变量，因果关系中受到其他变量影响的观测变量）表示；潜变量则以希腊字母 ξ（外生潜变量）或 η（内生潜变量）来表示。测量模型的数学模型为：$X = \Lambda_X \xi + \delta$，$Y = \Lambda_Y \eta + \varepsilon$，其中 X 和 Y 分别是外生和内生观测变量向量，ξ 和 η 分别是外生和内生潜变量向量，Λ_X 是 ξ 的因素负荷矩阵，Λ_Y 是 η 的因素负荷矩阵，δ 和 ε 分别是 X 和 Y 的测量误差；结构方程模型用以说明潜变量之间的关系，通常建立在研究假设的基础上，其数学模型为 $\eta = \Gamma\xi + B\eta + \zeta$，$\Gamma$ 和 B 分别为外生潜变量 ξ 和内生潜变量 η 的系数矩阵，ζ 为结构方程的误差矩阵。

本研究将运用协方差结构模型分析关系结合方式、关系品质、中间商自发行为等变量间的关系，检验各研究假设。

第 五 章

数据分析与结果

第一节　样本特征分析

一、关系结合方式的特性分析

先对关系结合方式进行特性分析。表 5-1 显示了关系结合方式各维度与各项目的均值和标准差，从表中数据看，关系结合方式所有维度与项目的均值均大于 4，表明在受调查的中间商眼里，供应商普遍具有较强的关系营销意识，认识到实施关系营销的重要性，并努力维持与中间商的关系。

再考察关系结合方式三个维度的均值与标准差，不难发现，从总体上看，财务性结合方式得分最高（4.8550），其次是社会性结合方式（4.7541），结构性结合方式得分最低（4.4317）。这说明从关系营销的方式看，各供应商更加看重财务性结合方式，而对结构性结合方式则相对应用不够。

再对比工业品供应商和消费品供应商。表 5-1 显示，如果考虑标准差，对工业品供应商而言，社会性结合和结构性结合的应用普遍性差不多；对消费品供应商而言，财务性结合和社会性结合的应用普遍性差不多。对比发现，消费品供应商相对更不重视提供结构性结合方式。再从总体上看，工业品比消费品得分更高，如果不考虑其他因素，仅从这一点上进行判断，可以说明工业品供应商比消费品供应商更重视对中间商采取关系营销方式，他们更加注重与中间商加强联系。

表 5-1　　　　　　　　关系结合方式均值分析表

	总体		工业转卖品		消费转卖品	
	均值	标准差	均值	标准差	均值	标准差
y11	4.81	1.524	5.154	1.3777	4.659	1.5504
y12	5.21	1.391	5.603	1.4713	5.000	1.3145
y13	4.55	1.714	5.000	1.5374	4.294	1.7495
y21	5.15	1.325	5.218	1.2130	5.112	1.3650
y22	4.92	1.376	4.923	1.4394	4.917	1.3164
y23	5.13	1.463	5.064	1.3989	5.248	1.4175
y24	4.39	1.665	4.582	1.5739	4.310	1.6604
y25	4.10	1.569	4.360	1.4410	4.001	1.5765
y26	4.54	1.515	4.545	1.5504	4.535	1.4802
y27	5.06	1.394	5.168	1.3133	5.018	1.3866
y31	4.68	1.456	5.128	1.3991	4.471	1.4357
y33	4.38	1.506	4.941	1.5038	4.159	1.4102
y35	4.65	1.364	4.995	1.3394	4.493	1.3169
y38	4.14	1.556	4.603	1.4624	3.895	1.5426
y39	4.38	1.506	4.915	1.3379	4.120	1.5146
y310	4.37	1.452	4.928	1.4727	4.137	1.3759
Jw（财务性结合）	4.8550	1.20174	5.2521	1.22172	4.6510	1.14200
Js（社会性结合）	4.7541	1.06248	4.8353	.95253	4.7339	1.03746
Jj（结构性结合）	4.4317	1.11875	4.9117	1.03380	4.2162	1.05491

注：为方便前后部分对照，本章中各测量项目所使用的编号与前测部分对应项目的编号一致

但是仅进行均值分析有时无法发现是否存在显著性差异，因此我们继续对工业品供应商与消费品供应商对中间商提供的关系结合方式进行方差分析，表 5-2 显示了方差分析结果。从表中数据看，在财务性结合与社会性结合方式上，工业品供应商与消费品供应商对中间商提供的关系营销方式存在显著性差异（F = 14.175，Sig. = 0.000；F = 23.536，Sig. = 0.000），而在社会性结合方式上不存在显著性差异（F = 0.538，Sig. = 0.0464）。结合表 5-1 的均值可以得出结论，在关系营销上，工业品供应商比消费品供应商更重视与中间商进行财务性结合和结构性结合，而且差异显著。

表 5-2　　　　　　　　　　关系结合方式方差分析表

	F	Sig.
y11	5.835	0.016
y12	10.412	0.001
y13	9.372	0.002
y21	0.346	0.557
y22	0.001	0.974
y23	0.905	0.342
y24	1.476	0.226
y25	2.933	0.088
y26	0.002	0.962
y27	0.647	0.422
y31	11.396	0.001
y33	15.733	0.000
y35	7.699	0.006
y38	11.623	0.001
y39	15.828	0.000
y310	16.872	0.000
Jw（财务性结合）	14.175	0.000
Js（社会性结合）	0.538	0.464
Jj（结构性结合）	23.536	0.000

二、关系品质的特性分析

表 5-3 显示了关系品质各维度及其所属项目的均值和标准差，从表中数据看，所有均值均大于 4，说明中间商对供应商从总体上是较为满意和信任的，也愿意与之交往，这也可以说是供应商对中间商实施关系营销的结果。

再来考察经营工业品的中间商与经营消费品的中间商的关系品质差异。表 5-3 显示，经营工业品的中间商在满意信任上的均值为 5.1143，在承诺上的均值为 4.9267；而经营消费品的中间商在满意信任上的均值仅为 4.7968，在承诺上的均值仅为 4.7132。这说明经营工业品的中间商较经营消费品的中间商更加满意信任供应商，也愿意提供较大的承诺。

表 5-3 　　　　　　　　　　关系品质均值分析表

	总体		工业转卖品		消费转卖品	
	均值	标准差	均值	标准差	均值	标准差
$z11$	5.043	1.2145	5.462	0.9493	4.888	1.2661
$z12$	4.907	1.2196	5.192	1.1628	4.781	1.2425
$z13$	4.973	1.2244	5.141	1.3165	4.900	1.1597
$z14$	4.645	1.2749	4.872	1.2417	4.571	1.2490
$z15$	4.772	1.1871	4.795	1.2521	4.771	1.1565
$z16$	4.864	1.2204	5.114	1.1734	4.799	1.1946
$z17$	5.116	1.2208	5.487	1.0900	5.001	1.2356
$z18$	4.860	1.2184	4.936	1.3517	4.858	1.1579
$z19$	4.907	1.2323	5.013	1.1897	4.870	1.2525
$z21$	4.988	1.3250	5.372	1.2072	4.882	1.3360
$z22$	4.907	1.2354	5.308	1.1877	4.771	1.2261
$z23$	4.568	1.2661	4.705	1.2285	4.506	1.2975
$z24$	4.722	1.2295	4.910	1.1863	4.688	1.2367
$z25$	4.969	1.1710	5.295	1.1634	4.870	1.1387

续表

	总体		工业转卖品		消费转卖品	
	均值	标准差	均值	标准差	均值	标准差
z31	4.931	1.3565	5.244	1.3502	4.829	1.3369
z32	5.081	1.2989	5.333	1.2449	5.012	1.3099
z33	4.957	1.3302	5.013	1.4459	4.988	1.2779
z34	3.757	1.5548	4.333	1.4742	3.553	1.5347
z35	4.718	1.2551	4.859	1.2031	4.688	1.2790
z36	4.826	1.5008	4.679	1.5749	4.970	1.4450
z37	4.934	1.3264	5.026	1.4140	4.952	1.2771
MX（满意信任）	4.8743	.94151	5.1143	.87530	4.7968	.95236
CR（承诺）	4.7433	1.08765	4.9267	1.10002	4.7132	1.06214

虽然表5-3发现了经营工业品的中间商与经营消费品的中间商在满意信任和承诺上存在差异，但是无法发现二者是否存在显著性差异，因此我们继续对二者进行方差分析，表5-4显示了方差分析结果。从表中数据看，满意信任因子的显著性水平为0.013，小于0.05，说明在满意信任指标上，经营工业品的中间商与经营消费品的中间商对供应商存在显著性差异，结合表5-3中的数据可以得出结论，经营工业品的中间商比经营消费品的中间商对供应商提供的产品和服务显著性地满意和信任。再看承诺因子的数据，承诺因子的显著性水平为0.147，大于0.1，说明在承诺指标上，经营工业品的中间商与经营消费品的中间商对供应商无显著性差异。

表5-4   关系品质方差分析表

	F	Sig.
z11	12.694	0.000
z12	6.089	0.014
z13	2.118	0.147

	F	Sig.
z14	3.121	0.079
z15	0.022	0.881
z16	3.746	0.054
z17	8.907	0.003
z18	0.2178	0.642
z19	0.717	0.398
z21	7.613	0.006
z22	10.462	0.001
z23	1.303	0.255
z24	1.767	0.185
z25	7.335	0.007
z31	5.100	0.025
z32	3.323	0.070
z33	0.019	0.892
z34	14.169	0.000
z35	0.988	0.321
z36	2.035	0.155
z37	0.165	0.685
MX（满意信任）	6.245	0.013
CR（承诺）	2.114	0.147

三、中间商自发行为的特性分析

表5-5显示了中间商自发行为各维度及所属项目的均值，从表中数据看，除一项的均值小于4以外，其余数据均大于4，说明从均值上判断，中间商自发行为均比较多，这和供应商努力推行关系

营销是相对应的。

再考察四种中间商自发行为。表5-5显示，中间商的合作行为和参与行为的得分分别为5.2979和5.2977，明显高于忠诚行为和共生行为的得分（分别为4.8197和4.6125），说明中间商对供应商的自发行为更主要表现为合作与参与，忠诚与共生行为相对少一些。寻求对这种结果的解释可结合前面的关系结合方式，前面的分析结果显示，中国大多数供应商与中间商的关系结合方式更多地表现为财务性结合和社会性结合，而结构性结合方式应用相对较少，这就使得供应商与中间商的关系更多地停留在浅层次结合和短期结合上，比如合作和参与，而相对深层次和长期的结合，如忠诚和共生等则需要通过结构性结合方式来达成。这给企业提供的启示是明显的。

最后再来分析经营工业品的中间商和经营消费品的中间商的自发行为差异。表5-5显示，经营工业品的中间商在忠诚和合作上的得分高于经营消费品的中间商，其中在忠诚上的得分差异比较明显；在参与和共生行为上，经营工业品的中间商得分略小于经营消费品的中间商。如果考虑标准差，二者几乎没有什么差异。

表5-5　　　　　　　　　　中间商自发行为均值分析

	总体		工业转卖品		消费转卖品	
	均值	标准差	均值	标准差	均值	标准差
w1	5.108	1.2279	5.538	1.1013	4.982	1.2088
w2	5.031	1.1063	5.270	1.0021	4.947	1.1371
w3	4.909	.7265	5.188	.6602	4.808	.6910
w4	4.587	1.4153	5.077	1.3365	4.424	1.4132
w5	4.589	1.3184	4.923	1.3936	4.498	1.2599
w6	4.694	1.4181	5.141	1.4390	4.528	1.3764
w16	5.058	1.3499	5.256	1.3526	4.971	1.3342
w17	5.402	1.1540	5.462	1.2241	5.375	1.1393

续表

	总体		工业转卖品		消费转卖品	
	均值	标准差	均值	标准差	均值	标准差
w18	5.376	1.1522	5.474	1.3165	5.335	1.0600
w19	5.355	1.3138	5.462	1.3741	5.318	1.2845
w20	5.039	1.3260	4.885	1.4048	5.159	1.2563
w21	5.494	1.1176	5.282	1.3280	5.594	1.0161
w22	5.360	1.1605	5.410	1.2529	5.332	1.1499
w23	4.887	1.3232	4.821	1.3459	4.934	1.3241
w24	4.813	1.3880	4.754	1.3972	4.852	1.4044
w25	4.081	1.3967	3.910	1.4787	4.182	1.3660
w26	4.496	1.3360	4.615	1.3792	4.515	1.3104
w27	4.336	1.4464	4.744	1.3333	4.188	1.4554
w28	5.062	1.4156	4.974	1.4413	5.153	1.3932
ZC（忠诚）	4.8197	.93274	5.1895	.87189	4.6977	.91266
HZ（合作）	5.2979	.97800	5.4135	1.06663	5.2497	.93599
CY（参与）	5.2977	1.03746	5.1923	1.18981	5.3615	.97602
GS（共生）	4.6125	1.04622	4.6364	1.12940	4.6373	1.01808

四、信度分析

1. 关系结构方式量表的信度分析

表 5-6 显示了关系结合方式量表的信度分析结果。从表中结果看，关系结合方式量表中的项目总体相关系数最小为 0.308，超过 0.3，可以接受，其余大部分在 0.4 以上，并且删除任何一个项目都不能使 Cronbach's α 系数增加，因此可以保留全部项目。另外，关系结合方式量表中，财务性结合因子的 Cronbach's α 系数为 0.670，当因子项目数小于 6 时，Cronbach's α 系数应大于 0.6，因此，财务性结合因子的 Cronbach's α 系数在接受范围内。此外，社会性结合、结构性结合因子的 Cronbach's α 系数分别为 0.841、

0.851，达到较高水平，总体来看，关系结合方式量表的内部一致性和稳定性较好。

表5-6 关系结合方式量表的信度分析

	项目数	项目总体相关系数	删除该项后的α系数	Cronbach's α 系数
财务性结合	3			0.670
y11		.312	.880	
y12		.308	.879	
y13		.495	.873	
社会性结合	7			0.841
y21		.559	.870	
y22		.610	.868	
y23		.503	.872	
y24		.522	.871	
y25		.467	.874	
y26		.483	.873	
y27		.629	.867	
结构性结合	6			0.851
y31		.600	.868	
y33		.662	.865	
y35		.593	.868	
y38		.484	.873	
y39		.530	.871	
y310		.628	.867	
关系结合方式	16			0.881

2. 关系品质量表的信度分析

表5-7 显示了关系品质量表的信度分析结果，从表中数据看，关系品质量表的项目总体相关系数最小为 0.483，其余均超过 0.6，

而且删除任何一个项目都不能使 Cronbach's α 系数增加，因此可以保留全部项目。另外关系品质、满意信任因子、承诺因子的 Cronbach's α 系数分别为 0.958、0.946、0.900，均达到较高水平，表明关系品质量表的内部一致性和稳定性较高。

表 5-7　　　　　　　　　　　关系品质量表的信度分析

	项目数	项目总体相关系数	删除该项后的α系数	Cronbach's α 系数
满意信任	14			0.946
z11		.675	.955	
z12		.724	.954	
z13		.761	.954	
z14		.755	.954	
z15		.748	.954	
z16		.741	.954	
z17		.625	.955	
z18		.768	.954	
z19		.605	.956	
z21		.729	.954	
z22		.760	.954	
z23		.642	.955	
z24		.733	.954	
z25		.737	.954	
承诺	7			0.900
z31		.750	.954	
z32		.754	.954	
z33		.790	.953	
z34		.483	.958	
z35		.690	.955	
z36		.681	.955	
z37		.636	.955	
关系品质	21			0.958

3. 中间商自发行为量表的信度分析

中间商自发行为量表的信度分析结果见表 5-8。从表中数据看，中间商自发行为各项目的项目总体相关系数最小为 0.337，超过 0.3，且大多数超过 0.4，而且删除任何一个项目都不能使 Cronbach's α 系数增加，因此保留全部项目。另外忠诚因子、合作因子、参与因子、共生因子以及中间商自发行为的 Cronbach's α 系数在 0.798～0.896 之间，均符合量表信度标准。因此，可以认为，中间商自发行为量表的内部一致性与稳定性均较好。

表 5-8   中间商自发行为量表的信度分析

	题项数	项目总体相关系数	删除该项后的 α 系数	Cronbach's α 系数
忠诚	6			0.893
w1		.639	.888	
w2		.598	.889	
w3		.462	.893	
w4		.621	.888	
w5		.572	.890	
w6		.636	.887	
合作	4			0.798
w16		.522	.891	
w17		.570	.890	
w18		.451	.893	
w19		.429	.894	
参与	3			0.827
w20		.522	.891	
w21		.507	.892	
w22		.337	.896	

	题项数	项目总体相关系数	删除该项后的α系数	Cronbach's α 系数
共生	6			0.848
w23		.544	.891	
w24		.469	.893	
w25		.355	.896	
w26		.755	.884	
w27		.538	.891	
w28		.570	.890	
中间商自发行为	19			0.896

五、效度分析

1. 关系结合方式量表的效度分析

下面我们利用因素分析法来检验关系结合方式量表的结构效度，包括辨别效度和聚合效度。

先检验量表的辨别效度。选用主成分因素分析法，利用最大变异法（Varimax）作为正交转轴，把特征值（Eigenvalue）大于 1 作为选取因素的原则。表 5-9 显示了关系结合方式量表的 KMO 和 Bartlett's 检验结果，从表中数据看，KMO 值为 0.837，说明样本充足度高，根据统计学家 Kasier 等给出的标准，适合作因素分析。Bartlett 球度检验给出的相伴概率为 0.000，小于显著性水平 0.05，因此认为本量表及其各因素组成项目的结构效度好。表 5-10 显示了关系结合方式因素分析结果，从表中数据看，项目 y11、y12、y13 聚合成因素 3，项目 y21、y22、y23、y24、y25、y26、y27 七项聚合成因素 1，项目 y31、y33、y35、y38、y39、y310 六个项目聚合成因素 2。因素 3、因素 1、因素 2 与我们在第四章预测试探索性分析中所提炼的财务性结合因子、社会性结合因子、结构性结合因子所包含的测项是一致的，且每个测项在各因子上的负荷均超过0.5，没有出现跨因子负荷项，表明量表的辨别效度较好。

接着我们检验量表的聚合效度，我们对各所属概念——财务性结合、社会性结合、结构性结合下的各问项分别单独进行因素分析，各因子所属各项均自动聚合成了一类，没有出现一类以上的情况；同时各项因子的方差贡献率分别为 57.474%、61.467%、67.149%，均超过 50%，说明问卷的聚合效度较好。

表 5-9 　　　　　　　　因子分析适合度检验

Kaiser-Meyer-Olkin Measure of Sampling Adequacy.		.837
Bartlett's Test of Sphericity	Approx. Chi-Square	1707.027
	df	120
	Sig.	.000

表 5-10 　　　　　　　　关系结合方式因素分析表

因素	题号	因素 1	因素 2	因素 3
社会性结合	y22	**.794**	.072	.322
	y23	**.738**	-.020	.307
	y27	**.721**	.262	.167
	y24	**.704**	.280	-.188
	y21	**.665**	.184	.207
	y26	**.595**	.360	-.268
	y25	**.545**	.307	-.108
结构性结合	y39	.175	**.776**	-.065
	y310	.271	**.770**	.017
	y38	.042	**.746**	.109
	y35	.204	**.708**	.187
	y33	.260	**.657**	.369
	y31	.248	**.601**	.336

续表

因素	题号	因素 1	因素 2	因素 3
	y11	.078	.077	**.842**
财务性结合	y12	.018	.149	**.832**
	y13	.287	.341	**.514**
特征值（Eigenvalues）		3.649	3.600	2.126
解释方差量（％）		22.804	22.499	13.290
累计解释方差量（％）		22.804	45.303	58.593
各因素内部解释方差量（％）		61.467	67.149	57.474

2. 关系品质量表的效度分析

同样利用因素分析法来检验关系品质量表的结构效度，包括辨别效度和聚合效度。

先检验量表的辨别效度。选用主成分因素分析法，利用最大变异法（Varimax）作为正交转轴，把特征值（Eigenvalue）大于 1 作为选取因素的原则。表 5-11 显示了关系品质量表的 KMO 和 Bartlett's 检验结果，从表中数据看，KMO 值为 0.939，说明样本充足度高，根据统计学家 Kasier 等给出的标准，适合作因素分析。Bartlett 球度检验给出的相伴概率为 0.000，小于显著性水平 0.05，因此认为本量表及其各因子组成项目的结构效度好。表 5-12 显示了关系品质因素分析结果，从表中数据看，项目 z16、z19、z12、z24、z18、z25、z17、z14、z13、z15、z22、z23、z11、z21 等 14 项聚合成因素 1，项目 z36、z35、z37、z31、z32、z33、z34 等 7 项聚合成因素 2。因素 1、因素 2 与我们在第四章预测试探索性分析中所提炼的满意信任因子、承诺因子所包含的测项是一致的，且每个测项在各因子上的负荷均超过 0.5，没有出现跨因子负荷项，表明量表的辨别效度较好。

再检验量表的聚合效度，我们对各所属概念——满意信任、承诺下的各问项分别单独进行因素分析，各因素所属各项均自动聚合成了一类，没有出现一类以上的情况；同时各项因素的方差贡献率分别为 59.078% 和 64.874%，均超过 50%，说明问卷的聚合效度较好。

表 5-11 因子分析适合度检验

Kaiser-Meyer-Olkin Measure of Sampling Adequacy.		.939
Bartlett's Test of Sphericity	Approx. Chi-Square	4052.343
	df	210
	Sig.	.000

表 5-12 关系品质因素分析表

因素	题号	因素 1	因素 2
满意信任	z16	.867	.284
	z19	.775	.228
	z12	.758	.281
	z24	.743	.308
	z18	.737	.373
	z25	.699	.363
	z17	.687	.372
	z14	.674	.228
	z13	.635	.385
	z15	.633	.363
	z22	.622	.299
	z23	.608	.329
	z11	.575	.323
	z21	.556	.339
承诺	z36	.216	.877
	z33	.366	.854
	z35	.256	.839
	z37	.215	.785
	z31	.308	.774
	z32	.335	.691
	z34	.364	.671

续表

因素	题号	因素 1	因素 2
特征值（Eigenvalues）		7.269	5.816
解释方差量（%）		34.615	27.698
累计解释方差量（%）		34.615	62.312
各因素内部解释方差量（%）		59.078	64.874

3. 中间商自发行为量表的效度分析

同样检验中间商自发行为量表的辨别效度和聚合效度。

先检验辨别效度。表 5-13 显示了中间商自发行为量表的 KMO 和 Bartlett's 检验结果，从表中数据看，KMO 值为 0.899，适合作因素分析。Bartlett 球度检验给出的相伴概率为 0.000，小于显著性水平 0.05，认为本量表及其各因子组成项目的结构效度好。再看表 5-14 中的因素分析结果。表 5-14 显示了中间商自发行为因素分析结果，从表中数据看，项目 w25、w26、w27、w24、w28、w23 等 6 项聚合成因素 1；项目 w3、w4、w5、w1、w2、w6 等 6 项聚合成因素 2；w21、w22、w20 等 3 项聚合成因素 3；w17、w18、w19、w16 等 4 项聚合成因素 4。因素 1、因素 2、因素 3、因素 4 与我们在第四章预测试探索性分析中所提炼的共生、忠诚、参与、合作因子所包含的测项是一致的，除 w23 外，每个测项在各因子上的负荷均超过 0.5，表明量表的辨别效度较好。

再检验聚合效度。我们对各所属概念——忠诚、参与、合作、共生下的各问项分别单独进行因素分析，各因素所属各项均自动聚合成了一类，没有出现一类以上的情况；同时各项因素的方差贡献率分别为 57.381%、58.369%、74.842% 和 63.020%，均超过 50%，说明问卷的聚合效度较好。

表 5-13　　　　　　　　　　因子分析适合度检验

Kaiser-Meyer-Olkin Measure of Sampling Adequacy.		. 899
Bartlett's Test of Sphericity	Approx. Chi-Square	2629. 877
	df	171
	Sig.	. 000

表 5-14　　　　　　　　中间商自发行为因素分析表

因素	题号	因素 1	因素 2	因素 3	因素 4
共生	w25	**0. 811**	0. 107	0. 087	0. 208
	w26	**0. 757**	0. 284	0. 126	0. 172
	w27	**0. 692**	0. 281	0. 005	0. 148
	w24	**0. 658**	− 0. 003	0. 323	0. 261
	w28	**0. 571**	0. 29	0. 385	− 0. 04
	w23	**0. 494**	0. 141	0. 392	0. 318
忠诚	w3	− 0. 147	**0. 730**	− 0. 094	0. 05
	w4	0. 374	**0. 730**	0. 042	0. 207
	w5	0. 355	**0. 704**	0. 156	0. 189
	w1	0. 216	**0. 627**	0. 388	0. 24
	w2	0. 368	**0. 625**	0. 305	0. 156
	w6	0. 35	**0. 580**	0. 076	0. 158
参与	w21	0. 08	0. 107	**0. 844**	0. 234
	w22	0. 085	0. 067	**0. 791**	0. 29
	w20	0. 175	0. 048	**0. 752**	0. 221
合作	w17	0. 096	0. 251	0. 304	**0. 768**
	w18	0. 229	0. 122	0. 283	**0. 749**
	w19	0. 134	0. 108	0. 185	**0. 711**
	w16	0. 281	0. 19	0. 131	**0. 604**
特征值（Eigenvalues）		3. 508	3. 101	2. 989	2. 662
解释方差量（%）		18. 461	16. 323	15. 730	14. 012
累计解释方差量（%）		18. 461	34. 784	50. 514	64. 526
各因素内部解释方差量（%）		57. 381	58. 369	74. 842	63. 020

第二节　结构模型关系分析

我们在前一节检验了各量表的质量，即量表的信度与效度，在本节主要运用结构方程模型验证整体模型构架及检验各变量之间的关系，以验证在第四章第一节所提出的假设。

在本研究中，我们使用 Lisrel 8.5 正式版软件，分析结构方程模型。在分析结构方程模型之前，先计算各量表子维度的平均数，以该平均数作为相应概念的计量指标。这样处理的理由有四个：(1) 近年来，这种做法已成为国内外学者在结构方程模型分析中普遍采用的做法（Sweeney，Geoffrey Soutar & Johnson，1999；Chen & Gully，2000；Williams & Anderson，1994；汪纯孝、温碧燕、姜彩芬，2001）；(2) 在结构方程模型分析中，研究人员用各维度项目之和或平均数而不是各个项目作为隐变量的指标，可减少模型中待估计参数数量，提高计量指标的可靠性，增强参数估计的稳定性（Mavondo & Farrell，2000；Russell，Kahn，Spoth & Almaier，1998；韩小芸、汪纯孝，2003）；(3) 结构方程模型分测量模型和结构模型，测量模型在前面章节中已通过信度、效度验证，在本节我们只需分析结构模型，以验证研究的各项假设；(4) Lisrel 8.5 软件一次至多只默认 50 个变量，本研究如果处理既包括测量模型又包括结构模型的全模型，会使变量数超过 50，造成一些数据的丢失，无法得出正确的结论。基于以上四点考虑，我们选择平均数作为相应概念的计量指标。

一、总样本结构模型检验

1. 模型拟合

在检验本研究的结构模型前，我们先对数据进行平均化和正态化预处理，接着我们对本研究提出的模型用 Lisrel 8.5 软件进行拟合。

本研究使用如表 5-15 所示的拟合优度指标来综合衡量模型的

拟合程度。第一个指标为 χ^2 值，χ^2 检验与传统的统计检验有很大的区别：我们期望得到的统计结果是不显著的 χ^2 值，很小的 χ^2 值说明模型的拟合效果很好。但是 χ^2 值容易受参数个数和样本容量的影响，很多统计学家建议慎用（Oliver，1994；郭志刚，1999；侯杰泰，2002）。第二个指标是 χ^2/df，指的是直接检验样本协方差矩阵和估计的协方差矩阵间的相似程度的统计量，χ^2/df 值越接近 1 说明模型的拟合程度越好，小于 2 为理想结果，大于 2 小于 5 可以接受，大于 5 不能接受（Edoard G. Carmines & Tohu P. Mclver，1981）。第三个指标是近似误差的均方根 RMSEA（Root Mean Square Error of Approximation，RMSEA），因为它受样本容量影响较小，近年来它在模型拟合评价方面的作用越来越受重视，一些统计学家特别推荐使用该指标。许多专家，如 Bollen（1989）、Sujan，Weitz & Kumar（1994）、Brown & Cudeck（1993）、Joreskog & Sorbon（1993）、郭志刚（1999）等认为，RMSEA 值小于 0.05，代表模型拟合得非常好，大于 0.05 小于 0.08，模型拟合得不错，大于 0.08 小于 0.1，模型可以接受。此外，我们还选用了拟合优度指数 GFI（Goodness-of-fit Index，GFI）、调整的拟合优度指数 AGFI（Adjusted Goodness-of-fit Index，AGFI）、非规范拟合指数 NNFI（Non-normed Fit Index，NNFI）、规范拟合指数 NFI（Normed Fit Index，NFI）、相对拟合指数 CFI（Comparative Fit Index，CFI）五个指标，和前面的 χ^2、χ^2/df、RMSEA 相互交叉验证模型的拟合程度。GFI、AGFI、NNFI、NFI、CFI 要么不容易把握，要么容易受样本容量的影响，一直为学术界所诟病。但由于学术界一致认可的指标较少，另外这五个指标启用较早，清晰直观，可以相互补充验证模型的拟合程度，仍是使用最为普遍的指标。本研究选用这些指标，综合考证模型的拟合程度。GFI、AGFI、NNFI、NFI、CFI 的值域都在 0 至 1 之间，数值越大，表明模型的拟合效果越好。一般大于 0.9 时，认为模型拟合较好，大于 0.8，模型可以接受。

从表 5-15 看，结构模型的拟合指数 χ^2 值较显著，χ^2/df 为 15.32，超过 3，RMSER 值为 0.23，超过 0.1，GFI、AGFI、NNFI、

NFI、CFI 值分别为 0.81、0.55、0.58、0.77、0.78，除 GFI 外，均小于 0.8，说明模型拟合效果不好，需作进一步修正。

表 5-15　　　　　拟合优度指标值（修正前后）及评测标准

拟合优度指标	修正前结果	修正后结果	评测标准及来源
χ^2 值（df）	291.14（19）	8.65（6）	
χ^2 比率（χ^2/df）	15.32	1.44	<3（Sharma，1996）
RMSER	0.23	0.04	<0.08（Bollen，1989；Sujan，Weitz & Kumar，1994）
GFI	0.81	0.99	>0.8（Bollen，1989；Sujan，Weitz & Kumar，1994）
AGFI	0.55	0.95	>0.8（Sharma，1996）
NNFI	0.58	0.99	>0.8（Bollen，1989；Sujan，Weitz & Kumar，1994）
NFI	0.77	0.99	>0.8（Bollen，1989；Sujan，Weitz & Kumar，1994）
CFI	0.78	1.00	>0.8（Sharma，1996）

2. 模型修正

再从 Lisrel 分析得出的 MI 修正指数看，如果增加路径"满意信任→承诺"、"忠诚→合作"、"忠诚→参与"、"忠诚→共生"、"合作→参与"、"参与→合作"、"共生→参与"，则 MI 指数可分别减少 95.0、11.3、51.2、20.5、51.2、51.2、29.6，模型效果可得到进一步优化。我们依此对模型进行修正，修正后拟合优度指标数据见表 5-15。从表中数据（修正后结果）看，拟合优度指标 GFI、AGFI、NNFI、NFI、CFI 的值均大于 0.9，RMSER 小于 0.08；χ^2 比率也由修正前的 15.32 减小到 1.44%，说明修正后的模型拟合优度提高了，模型得到了优化。修正后的模型如图 5-1 所示。图 5-1 中虚线表示关系不显著部分，实线表示关系显著，旁边的数字分别代表对应的标准化系数和 T 值。从图 5-1 中的数字看，实线箭线上的 T 值均大于 2，说明由箭线连接的变量间关系显著；虚线箭线上的 T 值均小于 2，说明由箭线连接的变量间关系不显著。模型中各变量间关系及估计值如表 5-16 所示。

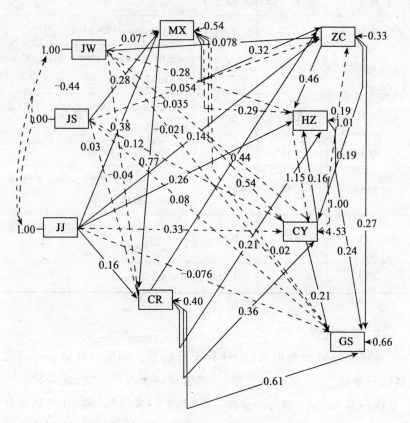

图中：JW 代表财务性结合；JS 代表社会性结合；JJ 代表结构性结合；
　　　MX 代表满意信任；CR 代表承诺；ZC 代表忠诚；HZ 代表合作；
　　　CY 代表参与；GS 代表共生

图 5-1　关系结合方式、关系品质与中间商自发行为路径图

表 5-16　　　　　　　变量间关系及其估计值

变量间关系	估计值	*T* 值	变量间关系	估计值	*T* 值
JW→MX	0.07	1.31	JJ→GS	- 0.076	- 1.36
JW→CR	- 0.04	- 0.93	MX→CR	**0.77**	12.31
JW→ZC	**0.078**	2.58	MX→ZC	**0.32**	4.08
JW→HZ	0.028	0.67	MX→HZ	0.29	- 1.65
JW→CY	- 0.035	- 0.65	MX→CY	0.54	1.40
JW→GS	- 0.021	- 0.53	MX→GS	- 0.02	- 0.12
JS→MX	**0.28**	5.63	CR→ZC	**0.44**	6.44
JS→CR	0.03	0.63	CR→HZ	**0.21**	4.10
JS→ZC	- 0.054	- 1.35	CR→CY	**0.36**	5.93
JS→HZ	- 0.038	- 0.69	CR→GS	**0.61**	2.81
JS→CY	0.12	1.69	ZC→HZ	**0.46**	4.03
JS→GS	0.08	1.54	ZC→CY	**0.19**	2.81
JJ→MX	**0.38**	7.78	ZC→GS	**0.27**	2.94
JJ→CR	**0.16**	2.95	HZ→CY	1.15	- 0.81
JJ→ZC	**0.14**	2.43	HZ→GS	**0.24**	4.63
JJ→HZ	**0.26**	2.34	CY→HZ	**0.16**	2.09
JJ→CY	0.33	1.00	CY→GS	**0.21**	3.06

注: 表中 JW 代表财务性结合; JS 代表社会性结合; JJ 代表结构性结合; MX 代表满意信任; CR 代表承诺; ZC 代表忠诚; HZ 代表合作; CY 代表参与; GS 代表共生

二、工业品中间商样本结构模型检验

1. 模型拟合

从表 5-17 看，结构模型的拟合指数 χ^2 值较显著，χ^2/df 为 6.52，超过 3，RMSER 值为 0.27，超过 0.1，GFI、AGFI、NNFI、NFI、CFI 均没有大于 0.8，说明模型拟合效果不好，需作进一步修正。

表 5-17 拟合优度指标值（修正前后）及评测标准

拟合优度指标	修正前结果	修正后结果
χ^2 值（df）	123.95（19）	24.33（11）
χ^2 比率（χ^2/df）	6.52	2.21
RMSER	0.27	0.076
GFI	0.74	0.94
AGFI	0.38	0.86
NNFI	0.51	0.90
NFI	0.72	0.95
CFI	0.74	0.97

2. 模型修正

从 Lisrel 分析得出的 MI 修正指数看，如果增加路径"财务性结合→共生"、"结构性结合→共生"、"满意信任→承诺"、"忠诚→参与"、"忠诚→共生"、"合作→共生"、"参与→合作"、"参与→共生"，则模型效果可得到进一步优化。我们依此对模型进行修正，修正后拟合优度指标数据见表 5-17。从表中数据（修正后结果）看，拟合优度指标除 AGFI 为 0.86 外，GFI、NNFI 、NFI、CFI 的值均大于 0.9，RMSER 小于 0.08，χ^2 比率也由修正前的

6.52减小到2.21，说明修正后的模型拟合优度提高了，模型得到了优化。修正后的模型如图5-2所示。模型中各变量间关系及估计值如表5-18所示。

表5-18 变量间关系及其估计值

变量间关系	估计值	T 值	变量间关系	估计值	T 值
JW→MX	0.036	0.58	JJ→CY	**0.14**	2.23
JW→CR	0.069	-0.069	JJ→GS	**0.38**	4.34
JW→ZC	**0.12**	2.69	MX→CR	**0.69**	4.82
JW→HZ	0.014	0.23	MX→ZC	**0.56**	5.87
JW→CY	-0.028	-0.31	MX→HZ	**0.36**	3.00
JW→GS	-0.19	-3.68	MX→CY	0.08	0.44
JS→MX	0.012	0.13	MX→GS	-0.05	-0.39
JS→CR	0.009	0.08	CR→ZC	**0.46**	7.01
JS→ZC	0.059	0.84	CR→HZ	**0.30**	3.21
JS→HZ	0.032	0.35	CR→CY	**0.60**	2.99
JS→CY	**0.33**	2.44	CR→GS	**0.43**	5.04
JS→GS	**0.47**	6.32	ZC→CY	**0.60**	2.99
JJ→MX	**0.57**	6.69	ZC→GS	**0.45**	4.03
JJ→CR	**0.22**	4.68	HZ→GS	**0.28**	3.34
JJ→ZC	**0.17**	2.06	CY→GS	**0.31**	4.16
JJ→HZ	**0.18**	3.23	CY→HZ	**0.19**	3.21

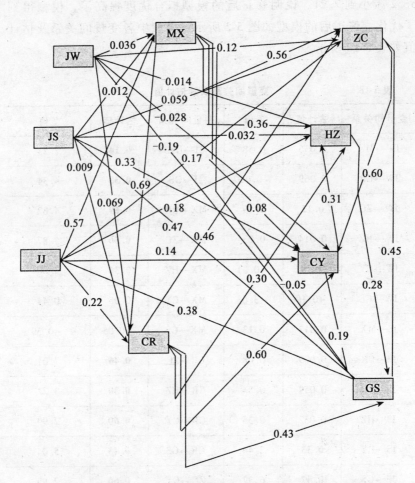

图中：JW 代表财务性结合；JS 代表社会性结合；JJ 代表结构性结合；

　　　MX 代表满意信任；CR 代表承诺；ZC 代表忠诚；HZ 代表合作；

　　　CY 代表参与；GS 代表共生

图 5-2　关系结合方式、关系品质与工业品中间商自发行为路径图

三、消费品中间商样本结构模型检验

1. 模型拟合

从表 5-19 看，假设模型的拟合指数 χ^2 值较显著，χ^2/df 为

10.96，超过3，RMSER 值为 0.24，超过 0.1，除 GFI 外，AGFI、NNFI、NFI、CFI 均小于 0.8，说明模型拟合效果不好，需作进一步修正。

表 5-19 　　　　　　　　　拟合优度指标值（修正前后）及评测标准

拟合优度指标	修正前结果	修正后结果
χ^2 值（df）	208.54（19）	13.58（11）
χ^2 比率（χ^2/df）	10.96	1.23
RMSER	0.24	0.03
GFI	0.80	0.98
AGFI	0.52	0.93
NNFI	0.56	0.99
NFI	0.75	0.98
CFI	0.77	1.00

2. 模型修正

从 Lisrel 分析得出的 MI 修正指数看，如果增加路径"结构性结合→忠诚"、"结构性结合→参与"、"满意信任→承诺"、"忠诚→合作"、"忠诚→共生"、"合作→共生"、"参与→合作"、"参与→共生"，则模型效果可得到进一步优化。我们依此对模型进行修正，修正后拟合优度指标数据见表 5-20。从表中数据（修正后结果）看，拟合优度指标除 AGFI、GFI、NNFI、NFI、CFI 的值均大于 0.9，RMSER 为 0.03，小于 0.05；χ^2 比率也由修正前的 10.96 减小到 1.23，说明修正后的模型拟合优度提高了，模型得到了优化。修正后的模型如图 5-3 所示。模型中各变量间关系及估计值如表 5-20 所示。

表 5-20 变量间关系及其估计值

变量间关系	估计值	T 值	变量间关系	估计值	T 值
JW→MX	0.094	1.83	JJ→CY	−0.05	−0.61
JW→CR	0.0035	0.073	JJ→GS	0.064	0.93
JW→ZC	**0.097**	3.22	MX→CR	**0.76**	10.93
JW→HZ	0.065	1.16	MX→ZC	**0.25**	3.52
JW→CY	0.0017	0.025	MX→HZ	−0.11	−1.03
JW→GS	0.080	1.56	MX→CY	0.18	1.50
JS→MX	**0.38**	6.22	MX→GS	−0.05	−0.39
JS→CR	**0.30**	4.05	CR→ZC	**0.43**	6.83
JS→ZC	−0.085	−1.71	CR→HZ	**0.14**	2.38
JS→HZ	0.019	0.26	CR→CY	**0.31**	2.83
JS→CY	0.026	0.30	CR→GS	**0.37**	3.91
JS→GS	−0.08	−1.21	ZC→GS	**0.35**	3.38
JJ→MX	**0.26**	4.13	ZC→HZ	**0.40**	3.67
JJ→CR	**0.16**	5.16	HZ→GS	**0.12**	1.74
JJ→ZC	**0.14**	6.33	CY→GS	**0.23**	3.65
JJ→HZ	0.082	1.08	CY→HZ	**0.40**	6.31

四、结果说明与研究假设的验证

本书的研究假设共有 47 个,有些获得实证支持,有些没有获得实证支持,如表 5-21 所示。我们结合前面列出的数据处理结果,具体分析如下。

1. 关系结合方式与关系品质

关系结合方式由财务性结合、社会性结合、结构性结合三个维度组成,财务性结合在总中间商样本、工业品中间商样本、消费品中间商样本中,到满意信任的路径系数分别为 0.07、0.036、0.094,T 值分别为 1.31、0.58、1.83,在统计上均不显著(在

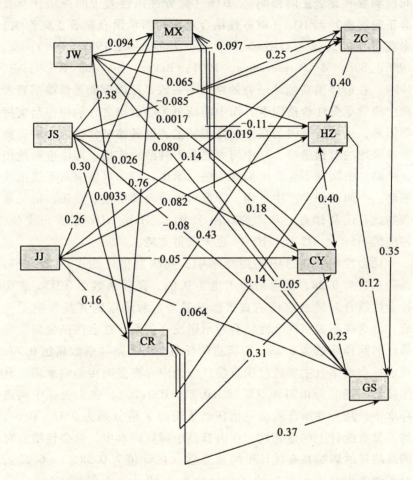

图中：JW 代表财务性结合；JS 代表社会性结合；JJ 代表结构性结合；

　　　MX 代表满意信任；CR 代表承诺；ZC 代表忠诚；HZ 代表合作；

　　　CY 代表参与；GS 代表共生

图 5-3　关系结合方式、关系品质与消费品中间商自发行为路径图

α = 0.05时，T 值大于 1.96，在统计上显著），到承诺的路径系数为 − 0.04、0.069、0.0035，T 值分别为 − 0.93、− 0.069、0.073，从统计意义上来看也不显著。因此，对于财务性结合对中间商关系品质有显著影响的假设应持保留态度，假设 H1a（财务性结合对中

间商满意有显著正向影响)、H1b（财务性结合对中间商信任有显著正向影响）与 H1c（财务性结合对中间商承诺有显著正向影响）未获得支持，这与以往众多学者（Robertson，1985；De Young，1986；Berry & Parasureman，1991；Baker，Simpson & Siguaw，1999）在最终消费领域研究的结果不一致，原因可能是最终消费者比中间商更关注价格因素，而中间商更关心价格之外的协作与支持等因素，也可能是因为在中间商市场上，财务性结合已成为供应商普遍采用的营销策略，对中间商已起不到激励作用，即供应商使用该策略，中间商不会产生满意信任、承诺，但如果供应商不使用该策略，中间商则会产生不满，降低对供应商的信任、承诺，情况是否如此，还需作进一步研究。由于 H1a、H1b、H1c 未获得支持，相应的 H5-1a、H5-1b、H5-1c 也未获得支持。

社会性结合在总中间商样本中，到满意信任的 T 值为 5.63，路径系数为 0.28，到承诺的 T 值为 0.63，路径系数为 0.03，表明社会性结合对满意信任的直接影响显著，对承诺的直接影响不显著，但这并不表明社会性结合与承诺没有关系，社会性结合到满意信任的路径系数为 0.28，而满意信任到承诺的路径系数高达 0.77，显示社会性结合主要通过满意信任作为中介变量间接影响承诺，其间接影响程度为 0.2156（0.28 × 0.77 = 0.2156）。在工业品中间商样本中，社会性结合到满意信任、承诺的 T 值分别为 0.13、0.08，均不具有统计上的显著性。在消费品中间商样本中，社会性结合对满意信任的影响具有统计上的显著性（估计值为 0.38，$t = 6.22$），对承诺不仅具有直接影响（估计值为 0.30，$t = 4.05$），还以满意信任作为中介变量间接作用于承诺，其间接影响的估计值为 0.228（0.30 × 0.76 = 0.228），其对承诺的总影响效应为 0.528（0.30 + 0.228 = 0.528），据此，假设 H1d、H1e、H1f 获得部分支持，其成立与否视中间商类型而定，社会性结合对工业品中间商满意信任、承诺的影响小于对消费品中间商满意信任、承诺的影响，假设 H5-1d、H5-1e、H5-1f 未获得支持。工业品中间商与消费品中间商对供应商采用社会性结合关系营销方式的反应存在较大差异且与原定假设正好相反的原因可能是，在消费品市场上，中间商与供应商的市场信息具有更大的不对称性，为了共享市场信息，消费品中间商较工业品中间商更需要与供应商的交流互动、建立友谊等。

我们再来看结构性结合对关系品质的影响，从表 5-16、表 5-18 和表 5-20 看，在总样本、工业品中间商样本、消费品中间商样本中，结构性结合方式对满意信任、承诺均有显著影响，假设 H1g、H1h、H1i 获得验证，但在工业品中间商样本中，结构性结合对满意信任的直接效应为 0.57，对承诺的直接效应为 0.22，间接效应为 0.3933（0.57 × 0.69 = 0.3933），其总效应为 0.6133（0.22 + 0.3933 = 0.6133）。在消费品中间商样本中，结构性结合到满意信任的路径系数为 0.26，到承诺的路径系数为 0.16，满意信任到承诺的路径系数为 0.76，即结构性结合对满意信任的总效应为 0.26，对承诺的总效应为 0.3576（0.16 + 0.26 × 0.76 = 0.3576）。从数据结果看，供应商采用结构性结合营销方式，对两类中间商的影响都较为显著，这与许多学者（Berry & Parasurman，1991；Lars-Erik Gadde Ivan Snehota，1992；Han&Wilson，1993；Ganesan, Shankar，1994；Wilson，1995；Jagdish and Atul，1995；Smith，1998c）在最终消费品领域得出的结论一致，但对工业品中间商的效果优于消费品中间商，假设 H5-1g、H5-1h、H5-1i 获得支持。

2. 关系品质与中间商自发行为

由前面的路径图及变量间的关系可以看出，承诺是满意信任与中间商自发行为之间的中介变量，分析满意信任与中间商自发行为之间的关系，必然要考虑承诺的传递效应。因此，我们先从承诺与自发行为的关系入手来分析关系品质与中间商自发行为之间的关系。从表 5-16、表 5-18 和表 5-20 看，在总样本中，承诺到自发行为忠诚、合作、参与、共生四维度的路径系数分别为 0.44、0.21、0.36、0.61，对应的 T 值分别为 6.44、4.10、5.93、2.81；在工业品中间商样本中，其路径系数分别为 0.46、0.30、0.60、0.43，T 值分别为 7.01、3.21、2.99、5.04；在消费品中间商样本中，其路径系数分别为 0.43、0.14、0.31、0.37，T 值分别为 6.83、2.38、2.83、3.91，T 值均超过 1.96，且承诺与工业品中间商样本的路径系数大于相应的消费品中间商的路径系数，表明承诺对中间商自发行为的直接效应显著，对工业品中间商自发行为的影响大于对消费品中间商自发行为的影响，假设 H2i、H2j、H2k、H2l、H5-2e、H5-2f、H5-2g、H5-2h 获得支持。

关系品质中的满意信任维度在总样本、工业品中间商样本、消费品中间商样本中，到忠诚行为的路径系数分别为 0.32、0.56、0.25，T 值分别为 4.08、5.87、3.52，均达到显著水平，表明满意信任对中间商忠诚行为的直接效应显著，总效应必然也显著，假设 H2a、H2e 获得验证。满意信任还以承诺为中介变量间接影响忠诚行为，其在三个样本中的间接影响系数分别为 0.3388、0.3174、0.3268，总影响系数分别为 0.6588、0.8774、0.5768，工业品中间商样本的总影响系数大于消费品中间商样本的总影响系数，支持了假设 H5-2a。满意信任与中间商其他自发行为的直接关系，除在工业品中间商样本中，到合作的路径系数为 0.30，表现为显著外，其余均不具有统计上的显著性。但满意信任以承诺为中介变量间接影响中间商自发行为，前面我们已分析，满意信任到承诺、承诺到中间商自发行为的路径系数显著，则满意信任对中间商自发行为的总效应显著，假设 H2a、H2b、H2c、H2d、H2e、H2f、H2g、H2h 得到验证。通过与前面相同的计算过程后可知，满意信任对工业品中间商的影响大于对消费品中间商的影响，假设 H5-2a、H5-2b、H5-2c、H5-2d 获得支持。

3. 关系结合方式与中间商自发行为

从表 5-16、表 5-18 和表 5-20 看，在三个样本中，财务性结合到中间商忠诚行为的路径系数分别为 0.078、0.12、0.097，T 值分别为 2.58、2.69、3.22，两者之间的关系系数虽然较小，但表现为显著，假设 H3a 得到验证。除此之外，财务性结合对其他三种中间商行为，即合作、参与、共生的直接影响均不具有统计上的显著性，另外，我们在前面已分析，该结合方式与关系品质的关系也不显著，因此，财务性结合无法以关系品质为中介变量间接影响中间商自发行为。据此分析，财务性结合对中间商合作、参与、共生行为的直接效应和间接效应均不显著，假设 H3b、H3c、H3d 未获得支持。

　　从表 5-16、表 5-18 和表 5-20 的数据看，社会性结合在三个样本中，对中间商自发行为的所有维度均不具有直接效应，但由前面分析可知，在总样本和消费品中间商样本中，社会性结合均以关系品质为中介变量间接影响中间商自发行为的各维度，因此，在这两个样本中，社会性结合对中间商自发行为有显著影响。在工业品中间商样本中，社会性结合对关系品质无显著影响，因此，社会性结合不能以关系品质为中介变量间接影响中间商自发行为，其对中间商自发行为的总效应也不具显著性。综合三个样本的情况看，关系结合方式与中间商自发行为是否具有正向关系，视中间商类型而定，假设 H3e、H3f、H3g、H3h 获得部分支持。

　　由前面分析可知，结构性结合与关系品质之间、关系品质与中间商自发行为之间具有显著正向关系，也就是说，结构性结合以关系品质为中介变量对中间商自发行为有显著间接效应，因此，不管结构性结合是否直接影响中间商自发行为，两者之间的总效应具有统计上的显著性，假设 H3i、H3j、H3k、H3l 获得支持。实际上，在总样本中，结构性结合对中间商忠诚行为、合作行为的直接效应显著，其路径系数分别为 0.14、0.26；在工业品中间商样本中，结构性结合与中间商自发行为各维度间的直接关系显著，其到忠诚行为、合作行为、参与行为、共生行为的路径系数分别为 0.22、0.17、0.18、0.14；在消费品中间商样本中，结构性结合只与忠诚行为有直接相关关系，其影响系数为 0.14，这进一步验证结构性结合对工业品中间商的影响大于对消费品中间商的影响。

　　由以上分析可知，关系结合方式对中间商自发行为虽然有部分直接影响，但主要是以关系品质为中介变量的间接影响，关系品质在两者的关系中充当了中介的角色，假设 H4 得到验证。

第三节　假设验证结果

　　通过本章的数据分析，对关系结合方式、关系品质及中间商自发行为假设的验证结果作出总结，发现在分析前提出的部分假设得到了数据支持，另一些则被拒绝。研究假设的验证结果总结见表 5-21。

表 5-21 研究假设及验证结果

假设	验证结果
H1：各种关系结合方式对关系品质有显著正向影响	
H1a：财务性结合对中间商满意有显著正向影响	不支持
H1b：财务性结合对中间商信任有显著正向影响	不支持
H1c：财务性结合对中间商承诺有显著正向影响	不支持
H1d：社会性结合对中间商满意有显著正向影响	部分支持
H1e：社会性结合对中间商信任有显著正向影响	部分支持
H1f：社会性结合对中间商承诺有显著正向影响	部分支持
H1g：结构性结合对中间商满意有显著正向影响	支持
H1h：结构性结合对中间商信任有显著正向影响	支持
H1i：结构性结合对中间商承诺有显著正向影响	支持
H2：关系品质对中间商自发行为有显著的正向影响	
H2a：中间商满意对其忠诚行为有显著正向影响	支持
H2b：中间商满意对其参与行为有显著正向影响	支持
H2c：中间商满意对其合作行为有显著正向影响	支持
H2d：中间商满意对其共生行为有显著正向影响	支持
H2e：中间商信任对其忠诚行为有显著正向影响	支持
H2f：中间商信任对其参与行为有显著正向影响	支持
H2g：中间商信任对其合作行为有显著正向影响	支持
H2h：中间商信任对其共生行为有显著正向影响	支持
H2i：中间商承诺对其忠诚行为有显著正向影响	支持
H2j：中间商承诺对其参与行为有显著正向影响	支持
H2k：中间商承诺对其合作行为有显著正向影响	支持
H2l：中间商承诺对其共生行为有显著正向影响	支持

假设	验证结果
H3：各种关系结合方式对中间商自发行为有显著正向影响	
H3a：财务性结合方式对中间商忠诚行为有显著正向影响	支持
H3b：财务性结合方式对中间商参与行为有显著正向影响	不支持
H3c：财务性结合方式对中间商合作行为有显著正向影响	不支持
H3d：财务性结合方式对中间商共生行为有显著正向影响	不支持
H3e：社会性结合方式对中间商忠诚行为有显著正向影响	部分支持
H3f：社会性结合方式对中间商参与行为有显著正向影响	部分支持
H3g：社会性结合方式对中间商合作行为有显著正向影响	部分支持
H3h：社会性结合方式对中间商共生行为有显著正向影响	部分支持
H3i：结构性结合方式对中间商忠诚行为有显著正向影响	支持
H3j：结构性结合方式对中间商参与行为有显著正向影响	支持
H3k：结构性结合方式对中间商合作行为有显著正向影响	支持
H3l：结构性结合方式对中间商共生行为有显著正向影响	支持
H4：各种关系结合方式会经由关系品质的中介作用间接影响中间商自发行为	支持
H5-1：在既定的关系结合方式下，工业品中间商、消费品中间商与供应商的关系品质是不一样的	
H5-1a：财务性结合对工业品中间商满意的影响大于对消费品中间商满意的影响	不支持
H5-1b：财务性结合对工业品中间商信任的影响大于对消费品中间商信任的影响	不支持
H5-1c：财务性结合对工业品中间商承诺的影响大于对消费品中间商承诺的影响	不支持
H5-1d：社会性结合对工业品中间商满意的影响大于对消费品中间商满意的影响	不支持

续表

假设	验证结果
H5-1e：社会性结合对工业品中间商信任的影响大于对消费品中间商信任的影响	不支持
H5-1f：社会性结合对工业品中间商承诺的影响大于对消费品中间商承诺的影响	不支持
H5-1g：结构性结合对工业品中间商满意的影响大于对消费品中间商满意的影响	支持
H5-1h：结构性结合对工业品中间商信任的影响大于对消费品中间商信任的影响	支持
H5-1i：结构性结合对工业品中间商承诺的影响大于对消费品中间商承诺的影响	支持
H5-2：**工业品中间商与消费品中间商对关系品质的自发行为反应是不一样的**	
H5-2a：工业品中间商满意对其忠诚行为的影响大于消费品中间商满意对其忠诚行为的影响	支持
H5-2b：工业品中间商满意对其合作行为的影响大于消费品中间商满意对其合作行为的影响	支持
H5-2c：工业品中间商满意对其参与行为的影响大于消费品中间商满意对其参与行为的影响	支持
H5-2d：工业品中间商满意对其共生行为的影响大于消费品中间商满意对其共生行为的影响	支持
H5-2e：工业品中间商信任对其忠诚行为的影响大于消费品中间商信任对其忠诚行为的影响	支持
H5-2f：工业品中间商信任对其合作行为的影响大于消费品中间商信任对其合作行为的影响	支持
H5-2g：工业品中间商信任对其参与行为的影响大于消费品中间商信任对其参与行为的影响	支持

续表

假设	验证结果
H5-2h：工业品中间商信任对其共生行为的影响大于消费品中间商信任对其共生行为的影响	支持
H5-2i：工业品中间商承诺对其忠诚行为的影响大于消费品中间商承诺对其忠诚行为的影响	支持
H5-2j：工业品中间商承诺对其合作行为的影响大于消费品中间商承诺对其合作行为的影响	支持
H5-2k：工业品中间商承诺对其参与行为的影响大于消费品中间商承诺对其参与行为的影响	支持
H5-2l：工业品中间商承诺对其共生行为的影响大于消费品中间商承诺对其共生行为的影响	支持

第 六 章

结论与建议

第一节　研究结论与启示

综合前述定性与定量分析结果，针对本研究的主要发现及其含义，得出了一些基本结论，同时也得到了一些重要启示。

一、关系结合方式对关系品质的影响

学术界对于关系结合方式与关系品质的关联性分析已相当丰富（例如，Berry & Parasureman，1991；Robertson，1985；Baker，Simpson & Siguaw，1999；De Young，1986；Smith，1998c；Snehota，1992；Han & Wilson，1993；江美仪，2001；谢依静，2000，等等），但研究结论尚不统一，多数学者并没有给出何种关系结合方式可能引致何种关系品质这一具体结论（De Young，1986；Gengler，Leszczyc & Popkowski，1997；Gerskens，1998；Wulf，Oderken-schroder & Lacobucci，2001，等等）。本研究通过对关系结合方式与关系品质的结构模型关系分析，得出关于关系结合方式与关系品质的三点结论及若干

启示：

（1）不论是对工业品中间商（此指经营工业品的中间商，下同），还是对消费品中间商（此指经营消费品的中间商，下同），财务性结合对关系品质均没有显著性影响。这是我们应用结构方程模型进行分析得出的结论。从表 5-16 的统计结果看，财务性结合对满意信任和承诺的 T 值均小于 1.96，不显著，说明财务性结合对关系品质不构成显著性影响。这一结论对于现实具有重要的指导意义，同时也为供应商开展关系营销提供了一条重要的启示：如果供应商想寻求建立与中间商的长期互动合作关系并维持竞争优势，仅考虑财务性结合是不够的。这并不是说财务性结合不重要，相反，在竞争日益激烈的环境中，财务性结合越来越变得不可或缺；但是鉴于财务性结合本身的性质与特点（很容易模仿，进入壁垒低，不适合长期关系的构建），在关系营销中财务性结合应该以保健因素的形式出现，这就是说，对供应商而言，如果想获得长期竞争优势，企业不应该把全部精力放在财务性结合方式上，应该加大其他关系结合方式的应用力度，尤其是结构性结合方式。从现实情况看，很多供应商目前凭借财务结合方式来维持与中间商的良好关系，其实是一种缺乏远见的做法。

（2）社会性结合对关系品质有显著性影响，但这种影响主要在消费品中间商身上体现，对工业品中间商而言，社会性结合的影响力较弱。这一结论也是在结构方程模型分析基础上得出来的。透过表 5-16 的数据可以看出，从总样本的情况看，社会性结合只对满意信任有显著性影响（$T = 5.63$），而对承诺的影响则不显著。但是结合表 5-18 和表 5-20 的数据则会发现，工业品中间商与供应商的社会性结合对满意信任和承诺的影响均不显著（T 值分别为 0.13 和 0.08），而消费品中间商与供应商的社会性结合对满意信任和承诺的影响则都是显著的（T 值分别为 6.22 和 4.05）。这一结论也给供应商们提供了一条重要的启示，即在进行关系营销的时候，适当考虑自己的产品特性有时比单纯加大关系营销力度更有效。通常来说，与工业品中间商相比，财务性结合对消费品中间商的吸附作用更大，因此更适合消费品中间商采用。

（3）结构性结合对关系品质有显著性影响，无论是对满意信任还是对承诺；但是结构性结合对工业品中间商的影响较消费品中间商更大。这一结论可以通过表 5-16、表 5-18、表 5-20 得出。这一结论给供应商们提供的启示主要有两点：第一，在关系结合方式中，结构性结合比财务性结合、社会性结合更容易持久地维系顾客（包括中间商），并为企业创造长期而实质的竞争优势（Berry，1995）。第二，在应用结构性结合方式时，可以不必区分工业品中间商和消费品中间商，尽管结构性结合对工业品中间商的影响更为显著。

二、关系品质对中间商自发行为的影响

Bettencourt（1997）、Morgan & Hunt（1994）、谢福树（2001）等人均对关系品质与顾客自发行为的关系等作过直接或间接探讨，也得出了一些结论，但是这些学者对于关系品质的具体形式与中间商自发行为的具体形式之间的关系却探讨得比较少，至于专门针对中间商的研究则更少。本研究应用结构模型关系分析，得出了关系品质与中间商自发行为间的两点结论，同时也获得了一些重要启示。

（1）不论是对工业品中间商还是对消费品中间商，满意信任对中间商自发行为中的忠诚行为均有显著性影响（T 值分别为 4.82 和 10.93），这种影响在工业品中间商身上表现得更加明显。此外满意信任还对工业品中间商的合作行为有显著性影响。这是我们应用结构方程模型进行分析得出的结论。虽然不少研究发现，满意和信任不一定导致顾客忠诚（Brady & Cronin，2001；Garbarino & Johnson，1999），按照传递原则，自然也不一定产生合作行为；但是另外一些研究则发现，更高的满意度和信任感可能导致更多的顾客忠诚（Morgan & Hunt，1994；谢福树，2001），本研究通过对中间商自发行为的实证研究，基本上支持了第二种研究结论。

（2）关系品质中的承诺对中间商各种自发行为（包括忠诚、合作、参与、共生）均有显著性影响。我们通过结构方程模型分析得到这一结论。这一结论与以往的研究结论基本上吻合。这就说

明，关系品质中的承诺构面较满意和信任更能显著地引致中间商自发行为。因此，对供应商而言，仅关注中间商的满意与信任是不够的，对中间商的承诺进行及时跟踪非常必要。但现实中很多供应商实际上忽视了对这一块的调查，这是不应该的。当然重视对承诺的调查并不说明满意和信任不重要，本研究同时发现，关系品质中的满意信任对承诺具有非常显著的影响（$T = 12.31$），说明满意信任在关系结合方式与承诺中充当了中介变量的角色，即关系结合方式先影响满意信任，然后通过满意信任影响承诺进而影响中间商自发行为。通过上述结论与分析，我们得到两点对于供应商的启示：①虽然满意信任的作用很多时候不是直接的，但在关系营销中努力获得中间商的满意和信任是有意义的，没有满意和信任的中间商是不可能产生承诺的；②仅维持中间商的满意和信任是不够的，让中间商满意和中间商信任转变为中间商承诺才是导致更多中间商自发行为的根本。

三、关系结合方式对中间商自发行为的影响

本次研究发现，关系结合方式对中间商自发行为存在影响，这种影响既包括直接影响，也包括间接影响，但主要是间接影响，直接影响主要来自结构性结合和承诺，间接影响则主要通过满意信任传递。这一结论也是通过结构方程模型分析得出来的。

从表 5-16 的数据看，如果考察总样本，关系结合方式中的财务性结合对中间商忠诚行为有显著的直接影响（$T = 2.58$），同时结构性结合对中间商忠诚行为和合作行为也有显著的直接影响（T 值分别为 2.43 和 2.34）。但如果对比考察工业品中间商样本和消费品中间商样本则会发现，结构性结合对中间商自发行为的直接影响主要体现在工业品中间商身上。表 5-18 和表 5-20 的数据显示，对工业品中间商而言，结构性结合可以显著地直接影响各种中间商自发行为，包括中间商忠诚行为、中间商合作行为、中间商参与行为和中间商共生行为；但对消费品中间商而言，结构性结合只对中间商忠诚行为有显著的直接影响，对其他中间商自发行为的直接影响均不显著。这一结论给供应商提供的启示是，要使中间商产生更

多的自发行为，采取结构性结合方式可能是最直接而有效的方法，尤其是对工业品中间商，更是如此。

但是在多数情况下，关系结合方式对中间商自发行为的影响是间接的，特别是当供应商采取财务性结合与社会性结合方式时。这一点我们可通过表 5-16、表 5-18、表 5-20 看出。表 5-16、表 5-18、表 5-20 均显示，财务性结合与社会性结合对中间商自发行为一般不直接产生显著性影响，但是却对满意信任产生显著性影响，而满意信任又对中间商承诺产生显著性影响并进而显著地影响中间商自发行为，我们在前面已经进行了分析，即关系结合方式对中间商自发行为的影响是通过承诺来间接传递的。这一发现给中间商带来的启示同前。

四、中间商类型在关系结合方式或关系品质与中间商自发行为间起调节作用

中间商类型在关系结合方式或关系品质与中间商自发行为间起调节作用。这一结论是通过对比分析得出来的。在前面的分析中，我们分别对工业品中间商样本和消费品中间商样本进行了分析，对比分析结果发现，在既定的关系结合方式下，工业品中间商与消费品中间商的关系品质及其对关系品质的自发行为反应是不一致的。通常来说：（1）社会性结合对关系品质的影响在消费品中间商身上体现得更加明显，而在工业品中间商身上则表现较弱；（2）结构性结合对关系品质各构面均有显著性影响，但结构性结合对工业品中间商的影响比对消费品中间商的影响更大；（3）关系品质中的满意信任构面对工业品中间商各自发行为的影响比对消费品中间商各自发行为的影响更显著。这就是说，中间商类型在关系结合方式与中间商自发行为间或在关系品质与中间商自发行为间起着调节作用。

这一结论给供应商带来的启示是，鉴于中间商类型的调节作用比较明显，因此在制定关系营销政策时，供应商应适当考虑中间商类型，通常财务性结合方式对消费品中间商比对工业品中间商更有效；而结构性结合则相反，一般对工业品中间商更有效。供应商在制定关系营销政策时必须充分考虑这些因素。

第二节 营 销 建 议

长期顾客的重要性已逐渐受到企业的重视。有研究指出，开发新顾客的成本将超出维系旧顾客的支出（Peppers & Rogers, 1993）；而且，长期顾客对公司利润的贡献也比短期顾客要高（Reichheld, 1994）。更为重要的是，长期顾客通过忠诚、合作、参与与共生等自发行为，可为企业提供更多更有价值的反馈信息与建议（Kelley, Skinner & Donnelly, 1992；Bettencourt, 1997），而这很多时候正是企业在竞争中胜出的关键原因之一。因此，对企业而言，如何促进更多的顾客自发行为，无疑是意义重大的。

对供应商而言，中间商的自发行为也非常关键。因此，如何促进中间商自发行为长期以来一直是学术界和实业界关注的焦点问题。在关系营销理论兴起以后，这个问题一度被很多学者认为找到了答案，那就是推行关系营销。但实践结果却表明，并非应用关系营销即可获得预期的关系绩效，撇开可适用交易营销的特殊场合不说，即使在关系营销适用的领域，推行关系营销也不一定能够增加中间商自发行为。有学者强调指出，不同的关系结合方式与不同的关系品质对中间商的影响是不同的，因而其效果也可能完全不同（Harrigan, 1985）。因此，对供应商而言，更为重要的似乎并不是急于启动关系营销，而是找出关系营销的不同结合方式、关系品质与中间商自发行为之间的内在逻辑关系，并依此入手，才是促进中间商自发行为的正确路径（如谢福树，2001；Morgan & Hunt, 1994；Anderson & Narus, 1990 等）。

本研究在实证研究的基础之上，对关系结合方式、关系品质及其与中间商自发行为间的关系作了一定的探讨，并得出了一些有用的结论。本部分即在这些研究结论的基础上，选取关系营销这一视角，对如何促进中间商自发行为这一问题给出自己的营销建议。

一、重视结构性结合方式的应用

在文献回顾中我们已经指出，结构性结合是企业提供给顾客的一系列有附加值且不易自他处取得的服务，由于转换成本高，因此容易在结构上固化顾客与公司之间的关系，从而真正地为企业创造长期而实质的竞争优势（Berry, 1995）。Berry & Parasurman（1991）指出，结构性结合强调以专属资产来创造顾客价值，因此可形成顾客的忠诚度。Han & Wilson（1993）则指出，在复杂的购买情境中，结构性结合较强的公司，在长期关系的维持上，相对于结构性结合较弱的公司会有较强的承诺。而财务性结合却不同，Berry（1995）认为，应用以财务性手段作为竞争工具的营销方法，顾客的忠诚度并不高，因为只要竞争者提供更多的财务性利益，顾客随即变节投向竞争者，而且这一关系结合方式最容易被竞争者模仿，故竞争优势不易持久，不具备长期吸附顾客的作用。这就是说，重视应用结构性结合方式应该成为关系营销的重点。

作为顾客群体一部分的中间商，这种情况依然成立。我们通过前面的实证研究发现，财务性结合对关系品质没有显著性影响，社会性结合也只对消费品中间商的满意信任有影响，而结构性结合却对关系品质中的满意信任和承诺都有显著性影响。这就是说，重视对结构性结合方式的应用应该成为供应商进行关系营销时的首选方案。但现实情况却不是这样，我们在调研中发现，虽然总体上中间商对供应商在财务性结合、社会性结合、结构性结合三种结合方式上的评价均不错（体现为均值得分均超过4分），但比较之下却发现，财务性结合得分最高，结构性结合得分最低，随后我们进行的方差分析也发现，结构性结合与财务性结合、社会性结合存在显著性差异，说明从关系营销结合方式看，我国供应商普遍更加看重财务性结合方式，而对结构性结合方式则相对应用不够。

造成目前这种重财务性结合轻结构性结合的原因主要有两个：一是财务性结合方式最容易模仿，几乎所有的企业都可以在较短的时间内学会；而且考虑到如果其他企业提供财务性结合而自己不提供时，自己与中间商的关系品质可能大打折扣，中间商的自发行为也可能因此减少甚至消失，所以不管愿不愿意，多数企业还是会提供的。二是结构性结合不容易提供。结构性结合是指企业提供给顾客的一些有附加值且不易自他处取得的服务，这些服务容易提高顾客的转换成本，从而在结构上固化顾客与企业的关系，并为企业创造长期而实质的竞争优势（Berry，1995）。但是由于结构性结合代表了企业的"核心竞争力"，所以并不是很容易就可以提供的，再加上很多企业可能并没有这种意识（因为这需要具有一定的前瞻性眼光），结果造成这种关系结合方式被忽视，或者其重要性被低估，所以造成了目前的现状。但是从发展的趋势或参与国际竞争的角度考虑，强调与中间商的结构性结合无疑是维系中间商的最好方法。

那么供应商如何更好地做到与中间商的结构性结合呢？作者认为可从以下几个方面入手：

（1）保证当中间商有任何问题或抱怨时，可随时解决。这里需要坚持一个原则，即不能以问题的大小或严重程度来确定是否提供帮助或是否进行回馈，因为中间商会把供应商对待他的问题或抱怨的态度作为衡量关系质量的一个标准，从而决定是否继续交往，或是否提供更多的自发行为。而且"小题大做"的顾客往往比较挑剔，或比较敏感，这类顾客在处理关系时更容易情绪化，因此企业不能马虎行事。

（2）供应商应主动了解中间商的需求，并提供个性化服务。这里的关键词是"主动"。一般来说，多数企业都能提供的无差异化服务不容易打动中间商，而且还可能会因此产生边际效用递减现象。但是供应商主动提供的差异和个性化服务却不同，它会使中间商记忆犹新，因为对中间商而言，这属于预期之外的附加收益，因此容易引发忠诚、合作、参与和共生等行为。

（3）依据中间商的数据和记录来建议适合中间商购买的选择。这一人性化做法完整地体现了双赢思想，也体现了长期交往的意愿。根据社会交换理论，中间商也会因此产生回报心理，并体现在自己的忠诚、合作、参与以及共生等自发行为的增加上。

（4）与物流业或广告业等结合，提供给中间商更完整的配套服务。这一做法对供应商而言支出可能并不是很大，但对中间商而言却提供了很大的便利，也加大了中间商的退出成本，使中间商更倾向于选择持续交往。

（5）经常提供与产品或服务相关的新知识给中间商。通常中间商的成长与供应商的成功也不无关系，提供与产品或服务相关的新知识给中间商，表面上看增强了中间商与供应商讨价还价的能力，但实际上却使两个命运体能够更紧密地结合在一起，从而实现共同成长。

（6）经常提供创新的产品或服务。创新的产品或服务会对中间商形成更大的诱惑，因为更高的利润通常与创新联系在一起。所以经常提供创新的产品或服务往往是阻止中间商退出的最有效的武器之一，而且会使中间商的忠诚和合作行为显著增加（Heskett et al. ，1994）。

二、更好地发挥承诺的中介作用

关系品质中的承诺构面较满意和信任更为显著地引致顾客的自发行为。有不少文献认为，满意和信任并不一定导致顾客忠诚（Andreassen & Lindestad，1998a；Brady & Cronin，2001；Garbarino & Johnson，1999），至于较忠诚更深一层的参与与共生行为，自然更不一定会由满意和信任导致。但本次研究却发现，满意信任构面对中间商忠诚行为有显著性影响，这和一些文献的结论是相符的，即更多的满意和信任可能导致更多的顾客忠诚（Heskett，Sasser & Schlesinger，1994；Morgan & Hunt，1994；谢福树，2001；等等）。但是与承诺相比，满意信任对中间商自发行为的影响则非常小。本次研究发现，承诺对各种自发行为，包括中间商忠诚、合作、参与、共生等行为均有显著性影响，不仅影响面大，而且影响力远比满意信任构面强。所以本研究认为，最终导致顾客自发行为的关键中介因子是承诺。

承诺使合作的伙伴愿意继续维持有价值的关系（de Ruyter et al. ，2001；Moorman et al. ，1992）。当合作的双方相信彼此的关系是重要的，而且保证会尽最大的努力来维持和加强这种关系时，承诺就自然产生了（Morgan & Hunt，1994）。因此可以说，承诺是交流双方关系连续性的最佳保证（Dwyer et al. ，1987），应该更好地发挥承诺的中介作用。要有效地做到这一点，对供应商而言就应该

努力做好以下事情:

(1) 区分满意信任与承诺的区别。目前很多供应商在市场调研中习惯使用中间商满意水平这一指标来进行决策,这在很多情况下是有风险的,因为满意和信任并不必然伴随着中间商自发行为,只有承诺才是最佳保证(黄加兴,2003)。有关承诺对中间商自发行为的显著性直接影响已有一些文献给出了证明,本研究通过实证研究也得出相同结论。这就是说,在很多情况下仅了解中间商的满意水平是不够的,还应该了解中间商的承诺水平,而这就应该以满意信任与承诺的良好区别为基础。

(2) 不仅了解中间商的满意和信任水平,更要了解中间商的承诺水平。既然承诺对中间商自发行为具有显著的直接影响,那么了解中间商的承诺水平可使供应商更好预测到中间商可能产生的各种自发行为,从而制定更加科学的关系营销对策。有关中间商承诺水平的调查,我们在附录中已经列出,供应商可以根据这个量表进行开发。

(3) 注意改善中间商的承诺水平。中间商对供应商的承诺不是固定不变的,因此需要动态地进行管理。改善中间商的承诺水平可从满意信任入手,因为根据我们前面的研究结果,满意信任实际上充当了关系结合方式与承诺的中介变量,因此没办法规避。有关提高中间商满意信任水平的对策很多文献中都有研究,这里不再详述。

三、关注中间商自发行为的内部演变

中间商的自发行为主要有四类:忠诚行为、合作行为、参与行为和共生行为,其中中间商共生行为代表了各供应商努力追求的最高目标。

中间商各自发行为不是独立的,彼此之间相互影响。从研究结果看,忠诚影响合作、参与、共生,合作影响共生,参与影响合作和共生。这给供应商提供的启示是,与中间商保持互动是必要的,不管中间商的自发行为停留在哪一个层次,随着交易时间的增加,中间商的合作和参与度将加大,最终将导致共生行为的产生。而且

模型显示，中间商共生行为的产生在多数情况下不是直接的，而是来自中间商由浅入深的自发行为。

这就是说，片面追求中间商共生行为其实是不现实的，现实的做法应该是在保持与中间商持续交往的过程中，通过互动来促成中间商自发行为的深入。这里的互动包含了三层含义：一是保持良好的心态，摒弃急功近利的思想，不能为追求共生行为而追求共生行为，应始终以积极的态度回馈来自中间商的意见；二是主动，这里的主动是指根据中间商各自发行为的特点来决定建设方案；三是继续博弈，继续博弈包括讨价还价和利益的重新分配等，由于中间商自发行为也有一个产生、发展、裂变及消亡的过程，所以供应商与中间商的交往其实就是一个博弈过程，通过这个博弈来达成双方均能接受的均衡，但是需要注意的是，均衡的达成在很多情况下需要重复博弈，这就提醒供应商，应以务实和长远的眼光来引导中间商自发行为。

第三节　研究创新、研究局限与未来研究方向

一、研究创新

本书力图在以下几个方面体现自己的见解和特点：

第一，整体研究模型的提出。从文献回顾看，以往有些研究已经探讨过关系品质与顾客自发行为间的关系（如谢福树，2001；Morgan & Hunt，1994；Anderson & Narus，1990 等），也有一些学者对关系结合方式与顾客忠诚行为间的关系作过追踪调查（如 Peltier & Westfall，2000；Garbarino & Johnson，1999 等），但是对于从关系结合方式、关系品质到顾客自发行为间的作用路径却少有人研究，更没有直接针对中间商这个对象的研究。本研究对关系结合方式、关系品质、中间商自发行为等相关内容进行了整合，构建了一个系统的研究模型，便于理论界和实务界全面、准确地把握供应商与中间商的关系，避免了以往该领域研究的片面性、零散性等方面的不足。

第二，以中间商为对象，并把中间商类型作为调节变量进行了研究。从文献看，把顾客作为研究对象进行的相关研究比较丰富，但是专门以顾客中的中间商为研究对象的类似研究却很少见，本研究以中间商为研究对象，把中间商分成工业品中间商和消费品中间商两类，并以中间商类型作为调节变量进行研究，弥补了以往研究的不足，填补了这方面的空白。

第三，对中间商自发行为的种类重新进行了界定。中间商自发行为属于顾客自发行为中的一种，至今尚未有系统研究。在文献中，已有研究多是笼统地研究顾客自发行为中的一类——忠诚行为，而对顾客其他自发行为较少有人涉足，尤其缺乏某具体类型顾客自发行为的研究。本研究以中间商为研究对象，在文献研究的基础上首先对中间商自发行为进行了分类，将中间商自发行为分为层层递进的忠诚行为、参与行为、合作行为和共生行为，继而对该种分类进行了检验，实证研究结果表明中间商确实存在这四种自发行为。这为顾客行为的分类提供了新的视角。

二、研究局限

本次研究利用实证研究方法，对关系结合方式和关系品质及其对中间商自发行为的影响作了一定的探讨，基本上弥补了以往研究在该领域的不足；本次研究还发现了一些有用的结论，对于我们以后继续从事该领域的研究很有帮助。但是，受主、客观条件的制约，本次研究也存在一些局限性，概括起来主要表现在以下几个方面：

第一，受资源约束，在问卷调查中，本次研究没有使用随机抽样方法，而是简单地使用了方便样本，虽然方便样本的覆盖范围也比较广，但是样本的代表性仍不如随机样本，这可能使研究结论的精确性受到影响。

第二，受经费制约，本次调研样本仅来源于武汉市，虽然我们在样本的范围和数量上做了很多工作，但仍无法排除地区性差异对关系营销可能存在的影响。

三、未来研究方向

关系结合方式与关系品质对中间商自发行为的影响作为一个非常有实践前景和研究意义的课题，本研究只是尝试性地做了一些工作，还有很多问题值得进一步探讨和检验：

第一，对其他调节变量的研究，如行业竞争激烈程度（此指供应商所在的行业，下同），行业竞争激烈程度可能会对关系品质及中间商自发行为产生影响，实际情况是否如此，需要在以后的研究中进行检验。所以开发类似调节变量也可以构成未来研究方向之一。

第二，中间商与消费者的关系营销模式可否相同。这也是一个很有意义的研究方向。中间商和消费者都是顾客的一部分，在以往的很多研究中，大家都把顾客作为一个整体研究对象进行研究，并得出了很多通用的结论。但中间商与消费者毕竟属于不同的群体，那么对他们的关系营销模式应不应该有所区别？对这个问题的探讨也将构成未来研究方向之一。

第三，中间商自发行为的演进路径。本次研究主要探讨了四种中间商自发行为反应，但是这些自发行为到底是怎么演进的，受什么因素的影响，作用机理是什么等问题，本次研究没有深入探讨。探讨这些问题对供应商而言却具有非常重要的意义，可以由此更好地推动关系营销，因此在以后的研究中，这可以成为本研究领域一个较好的研究方向。

第四，对关系品质构面的探讨。有关关系品质构面的研究至今仍未得到统一结论，本次研究通过文献回顾，选取了其中三个被经常使用的构面——满意、信任、承诺进行研究，但后来在实证研究中经过因子分析，发现满意和信任两个构面聚合成了一类，说明对中国的中间商而言，二者间的区别至少不是显著的。由于本次研究的研究重心不在关系品质上，所以对这个问题也没有深入讨论。但关系品质的代表性构面到底有哪些？或者说关系品质的代表性构面是否会因研究对象的不同而不同？这些问题，需要在以后的研究中进一步探讨。

主要参考文献

1. Achim Walter, Thilo A. Muller, Gabriele Helfert and Thomas Ritter (2003), Functions of Industrial Supplier Relationship and Their Impact on Relationship Quality, Industrial Marketing Management, 32, pp. 159-169.

2. Achim Walter, Thilo A. Muller and Gabriele Helfert (2000), The Impact of Satisfaction, Trust, and Relationship Value on Commitment: Theoretical Considerations and Empirical Results, Online Proceeding: The 2000 IMP Conference, School of Management, University of Bath.

3. Andaleeb, Syed Saad (1996), An Experimental Investigation of Satisfaction and Commitment in Marketing Channels: The Role of Trust and Dependence, Journal of Retailing, 72 (Spring), pp. 77-93.

4. Adrian Payne, Martin Christopher, Moria Clark and Helen Peck (1995), Relationship Marketing for Competitive Advantage, Butterworth-Heinemann.

5. Adrian Payne (1995), Advances in Relationship Marketing, Kogan

Page Limited.

6. Adrian Slywotzky and David Morrison (2001), The Rise of the Active Customer, Marketing Management, July-August.

7. Anderson, Eugene W. and Sullivan, Mary W. (1993), The Antecedents and Consequences of Customer Satisfaction for Firms, Marketing Science, 12 (Spring), pp. 125-43.

8. Anderson, J. C. and J. A. Narus (1984), A Model of the Distributor's Perspective of Distributor-Manufacturer Working Relationships, Journal of Marketing, Vol. 48, Issue 4, pp. 62-74, Fall.

9. Anderson, James C. and Narus, James A. (1990), A Model of Distributor Firm and Manufacturer Firm Working Partnerships, Journal of Marketing, 54 (January), pp. 42-58.

10. Amy Wong and Amrik Sohal (2002), Customer's Perspectives on Service Quality and Relationship Quality in Retail Encounters, Managing Service Quality, Vol. 12, No. 6, pp. 424-433.

11. Amy Wong and Amrik Sohal (2002), An Examination of the Relationship between Trust, Commitment and Relationship Quality, International Journal of Retail & Distribution Management, Vol. 30, No. 1, pp. 34-50.

12. Amy L. Parsons (2002), What Determines Buyer-Seller Relationship Quality: An Investigation from the Buyer's Perspective, Journal of Supply Chain Management, Vol. 38, No. 2, pp. 4-12.

13. Angela Hausman (2001), Variations in Relationship Strength and Its Impact on Performance and Satisfaction in Business Relationship, Journal of Business and Industrial Marketing, Vol. 16, No. 7, pp. 600-616.

14. Baker, Thomas L., Penny M. Simpson, and Judy A. Siguaw (1999), The Impact of Suppliers' Perceptions of Reseller Market Orientation on Key Relationship Constructs, Journal of the Academy of Marketing Science, 27 (Winter).

15. Beatty, Sharon E., Kahle, Lynn R., and Homer, Pamela (1988),

The Involvement-Commitment Model: Theory and Implications, Journal of Business Research, 16 (March), pp. 149-67.

16. Berry, G. Lynn (1995), Relationship Marketing of Services Growing Interest, Emerging Perspectives, Journal of the Academy of Marketing Science, 23 (Fall), pp. 236-45.

17. Berry, L. L. (1995), Relationship Marketing of Services-Growing Interest, Emerging Perspectives, Journal of the Academy of Marketing Science, Vol. 23, Issue 4, pp. 236-245.

18. Berry, L. L., A. Parasuraman (1991), Marketing Service: Competing Through Quality, The Free Press, New York.

19. Bettencourt, Lance A. (1997), Customer Voluntary Performance: Customers as Partners in Service Delivery, Journal of Retailing, Vol. 73 (3), pp. 383-406.

20. Barry Wray, Adrian Palmer and David Bejou (1994), Using Neural Network Analysis to Evaluate Buyer-Seller Relationships, European Journal of Marketing, 28, 10, pp. 32-47.

21. Beatty Mayer, Coleman, Reynolds and Lee (1996), Customer-Sales Associate Retail Relationships, Journal of Retailing, 72 (3), pp. 223-247.

22. Bejou, Wray and Ingram (1996), Determinations of Relationship Quality: an Artificial Neural Network Analysis, Journal of Business Research, 36 (2), pp. 137-143.

23. Bendapudi Neeli and Leonard L. Berrt (1998), Customer's Motivations for Maintaining Relationships with Service Providers, Journal of Retailing, 73 (1), pp. 14-37.

24. Berry, L. (1983), Relationship Marketing, in Berry, Shostack, and Upah (eds.), Emerging Perspectives on Services Marketing, American Association, Chicago, pp. 25-28.

25. Bill Donaldson and Tom O'Toole (2000), Classifying Relationship Structures: Relationship Strength in Industry Markets, Journal of Business and Industrial Marketing, Vol. 15, No. 7, pp. 491-506.

26. Brock Smith (1998), Buyer-Seller Relationships: Bonds, Relationship Management, and Sex-type, Canadian Journal of Administrative Sciences, Mar. , 15, 1, ABI/INFORM Global.

27. Brock Smith (1998), Buyer-Seller Relationships: Similarity, Relationship Management, and Quality, Psychology & Marketing (1986-1998), Vol. 15, 1, pp. 3-21. Jan.

28. Byron Sharp, Narelle Page and John Dawes (2000), A New Approach to Customer Satisfaction, Service Qualtiy and Relationship Quality Research, ANZMAC 2000 Visionary Marketing for the 21st Century: Facing the Challenge.

29. Byron Keating, Robert Rugimbana and Ali Quazi (2003), Differentiating Between Service Quality and Relationship Quality in Cyberspace, Managing Service Quality, Vol. 13, No. 3, pp. 217-232.

30. Christian Gronroos (1990), Relationship Approach to Marketing in Services Contexts: The Marketing and Organizational Behaviour Interface, Journal of Business Research, Vol. 20, No. 1.

31. Christian Gronroos (1993), From Marketing Mix to Relationship Marketing: Towards a Paradigm Shift in Marketing, Management Decision, Vol. 32 No. 2, pp. 4-20.

32. Christian Gronroos (1999), Relationship Marketing: Challenges for the Organization, Journal of Business Research, 46, pp. 327-335.

33. Christopher,, Payne and Ballantyne (1991), Relationship Marketing, London: Butterworth Heinemann, Oxford.

34. Churchill and Surprenant (1982), An Investigation into the Determinants of Customer Satisfaction. Journal of Marketing Research. 19 (November), pp. 491-504.

35. Clarke and Belk (1978), The Effects of Product Involvement and Task Definition on Anticipated Consumer Effort, Advances in Consumer Research, Vol. 5, pp. 313-318.

36. Civilai Terawatanavong, Gregory Whitwell and Robert E. Widing (2001), Relationship Quality and Performance: The Moderating

Effect of A Channel Member's Market Orientation, ANZMAC 2001:
Bridging Marketing Theory and Pratice, Auckland, New Zealand:
ANZMAC-Australian and New Zealand Marketing Academy.

37. Crosby and Stephens (1987), Effects of Relationship Marketing on
Satisfaction, Retention and Prices in the Life Insurance Industry,
Journal of Marketing Research, Vol. 24, November, pp. 404-411.

38. David T. Wilson (1995), An Integrated Model of Buyer-Seller Re-
lationship, Journal of the Academy of Marketing Science, 23, 4,
pp. 335-345.

39. David Bejou, Barry Wray and Thomas N. Ingram (1996), Determi-
nants of Relationship Quality: An Artificial Neural Network Analy-
sis, Journal of Business Research, 36, pp. 137-143.

40. Deborah E. Rosen and Carol Surprenant (1998), Evaluating Rela-
tionships: Are Satisfaction and Quality Enough?, International Jour-
nal of Service Industrial Management, Vol. 9, No. 2, pp. 103-125.

41. Deepak Sirdeshmukh, Jagdip Singh and Barry Sahol (2002), Con-
sumer Trust, Value and Loyalty in Relational Exchanges, Journal of
Marketing, 66 (1), pp. 14-37.

42. Doney Patrica and Joseph P. Cannon (1997), An Examination of
the Nature of Trust in Buyer-Seller Relationships, Journal of Market-
ing, 61 (2), pp. 34-51.

43. Duarte B. Morais, Michael J. Dorsch and Shella J. Backman
(2004), Can Tourism Providers Buy Their Customers' Loyalty? Ex-
amining the Influence of Customer-Provider Investments on Loyalty,
Journal of Travel Research, Vol. 42, Feb., pp. 235-243.

44. Dube Laurette and Manfred F. Maute (1998), Defensive Strategies
for Managing Satisfaction and Loyalty in the Service Industry, Psy-
chology and Marketing, 16 (6), pp. 774-791.

45. Dwyer, Paul H. Schurr and Sejo Oh (1987), Developing Buyer-
Seller Relationship, Journal of Marketing, 51 (April), pp. 11-27.

46. Ennew Christine and Martin R. Binks (1999), Impact of Participa-

tive Service Relationships on Quality, Satisfaction and Retention: An Exploratory Study, Journal of Business Research, 46 (2), pp. 121-132.

47. Evans and Laskin (1994), The Relationship Marketing Process: A Conceptualization and Application, Industrial Marketing Management, 23, pp. 439-452.

48. Flynn and Goldsmith (1993), Application of the Personal Involvement Inventory in Marketing, Psychology & Marketing, Vol. 10 (4): (July/August), pp. 357-366.

49. Flynn, Leisa and Goldsmith, Ronald (1993), Identifying Innovators in Consumer Service Markets, Service Industries Journal, 13 (3), pp. 97-106.

50. F. Robert Dwyer, Paul H. Schurr and Sejo Oh (1987), Developing Buyer-Seller Relationship, Journal of Marketing, Vol. 51, April, pp. 11-27.

51. Garbarina Ellen and Mark S. Johnson (1999), The Different Roles of Satisfaction, Trust and Commitment in Customer Relationships, Journal of Marketing, 63 (2), pp. 70-87.

52. George M. Zinkhan (2002), Relationship Marketing: Theory and Implementation, Journal of Market-Focused Management, 5, pp. 83-89.

53. Geyskens and Steenkamp (2000), Economic and Social Satisfaction: Measurement and Relevance to Marketing Channel Relationships, Journal of Retailing, Vol. 76, Issue 1, pp. 11-32, Spring.

54. Gillian C. Hopkinson and Sandra Hogarth-Scott (1999), Franchise Relationship Quality: Mcro-Economic Explanations, European Journal of Marketing, Vol. 33, No. 9/10, pp. 827-843.

55. Ginner Kevin, Dwayne D. Gremler and Mary Jo Bitner (1998), Relationship Benefits in Services Industries: The Customer's Perspective, Journal of the Academy of Marketing Science, 26 (2), pp. 101-114.

56. Gruen Thomas, John O. Summer and Frank Acito (2000), Relationship Marketing Activities, Commitment and Membership Behaviors in Professional Associations, Journal of Marketing, 64 (3), pp. 34-49.

57. Han, S-L. (1992), Antecedents of Buyer-Seller Long-Term Relationships: An Exploratory Model of Structural Bonding and Social Bonding, (Working Paper No. 6-1992), University Park, PA, Institute for the Study of Business Markets, Pennsylvania State University.

58. Hennig-Thurau, Thorsten, Kevin P. Gwinner, and Dwayne D. Gremler (2002), Understanding Relationship Marketing Outcomes: An Integration of Relational Benefits and Relationship Quality, Journal of Service Research, 4 (3), pp. 230-247.

59. Holmland M. (2001), The D&D Model-Dimension and Domains of Relationship Quality Perceptions, The Services Industry Journal, 21 (3), pp. 13-36.

60. Jagdish N. Sheth and Atul Parvatiyar (1995), The Evolution of Relationship Marketing, International Business Review, 4, pp. 397-418.

61. James S. Boles, Julie T. Johnson and Hiram C. Barksdale, Jr. (2000), How Sales People Build Quality Relationships: A Replication and Extension, Journal of Business Research, 48, pp. 75-81.

62. James S. Boles, Hiram C. Barksdale J. and Julie T. (1997), Business Relationships: An Examination of the Effects of Buyer-Salesperson Relationships on Customer Retention and Willingness to Refer and Recommend, Journal of Business & Industrial Marketing, Vol. 12, No. 3/4, pp. 253-265.

63. Jonathan D. Hibbard, Nirmalya Kumar and Louis W. Stern (2001), Examining the Impact of Destructive Acts in Marketing Channel Relationships, Journal of Marketing Research, 38, 1, pp. 45-61.

64. Jones Michael, David L. Mothersbaugh and Sharon E. Beatty
    (2000), Switching Barriers and Repurchase Intentions in Services,
    Journal of Retailing, 76 (2), pp. 259-274.

65. Johnson Michael D. (1998), Customer Satisfaction, Loyalty and
    the Trust Environment, Advances in Consumer Research, 25 (1),
    pp. 14-20.

66. Kacmar K. Mechele, Dawn S. Carlson and Robert A. Brymer
    (1999), Antecedents and Consequences of Organizational Commit-
    ment: A Comparson of Two Scales, Educational and Psychological
    Measurement, 59 (6), pp. 976-994.

67. Kaj Storbacka, Tore Strandvik and Christian Gronroos (1994),
    Managing Customer Relationship for Profit: The Dynamics of Rela-
    tionship Quality, International Journal of Service Industry Manage-
    ment, Vol. 5, No. 5, pp. 21-38.

68. Kelley Donnelly and Skinner (1990), Customer Participation in
    Service Production and Delivery, Journal of Retailing, 66 (Fall),
    pp. 315-335.

69. Kent Eriksson and Anna Lofmarck Vaghult (2000), Customer Re-
    tention, Purchasing Behavior and Relationship Substance in Profes-
    sional Service, Industrial Marketing Management, 29, pp. 363-372.

70. Keith Roberts, Sajeev Varki and Rod Brodie (2003), Measuring
    the Quality of Relationships in Consumer Services: An Empirical
    Study, European Journal of Marketing, Vol. 37, No. 1/2, pp.
    169-196.

71. Kristof De Wulf, Gaby Odekerken-Schroder and Dawn Lacobucci
    (2001), Investments in Consumer Relationships: A Cross-Country
    and Cross-Industry Exploration, Journal of Marketing, Vol. 65 (Oc-
    tober), pp. 33-50.

72. Kristof De Wulf and Gaby Odekerken-Schroder (2001), A Critical
    Review of Theories Underlying Relationship Marketing in the Context
    of Explaining Consumer Relationship, Journal for the Theory of So-

cial Behavior, 31, 1, pp. 73-101.

73. Lawrence A. Crosby, Kenneth R. Evans, and Deborah Cowles (1990), Relationship Quality in Services Selling: An Interpersonal Influence Perspective, Journal of Marketing, Vol. 54, July, pp. 68-81.

74. Lengnick-Hall, C. A. (1996), Customer Contributions to Quality: A Different View of the Customer-oriented Firm, Academy of Management Journal, 21 (July), pp. 791-824.

75. Liljander Veronica and Tore Strandvik (1997), Emotions in Service Satisfaction, International Journal of Service Industry Management, 8 (2), pp. 148-169.

76. Lliana L. Bove and Leater W. Johnson (2001), Customer Relationships with Service Personnel: Do We Measure Closeness, Quality or Strength, Journal of Business Research, 54, pp. 189-197.

77. Maria Holmlund (2001), The D & D Model-Dimensions and Domains of Relationship Quality Perceptions, The Service Industries Journal , Vol. 21, No. 3, July, pp. 13-36.

78. Mary Jo Bitner (1995), Building Service Relationships: It's All About Promises, Journal of the Academic of Marketing Science, Vol. 23, No. 4, pp. 246-251.

79. Meyer John P. and Natalie J. Allen (1991), A Three-Component Conceptualization of Organizational Commitment, Human Resource Management Review, 1 (1), pp. 61-89.

80. Michael J. Dorsch, Scott R. Swanson and Scott W. Kelley (1998), The Role of Relationship Quality in the Stratification of Vendors as Perceived by Customers, Journal of the Academy of Marketing Science, Vol. 26, No. 2, pp. 128-142.

81. Michael H. Morris, Janinne Brunyee and Michael Page (1998), Relationship Marketing in Practice: Myths and Realities, Industrial Marketing Management, 27, pp. 359-371.

82. Michael R. Williams, Jill S. Attaway (2003), At the Interface: the

Nature of Buyer-seller Interactions and Relationships, Journal of Business Research, Vol. 56, pp. 243-246.

83. Mittal, B. (1989), Measuring Purchase-Decision Involvement, Psychology & Marketing, 6 (Summer), pp. 147-162.

84. Mohr, J. and R. Spekman (1994), Characteristics of Partnership Success: Partnership Attributes, Communication Behavior and Conflict Resolution Techiques, Strategic Management Journal, 15, pp. 135-152.

85. Moorman Christine, Gerald Zaltman and Rohit Deshpande (1992), Relationships between Providers and Users of Marketing Research: The Dynamics of Trust within and between Organizations, Journal of Marketing Research, 29 (3), pp. 314-329.

86. Neeli Bendapudi and Leonard L. Berry (1997), Customers' Motivations for Maintaining Relationships With Service Providers, Journal of Retailing, Vol. 73, No. 1, pp. 15-37.

87. Oliver Richard L. (1980), A Cognitive Evaluation and the Relationship between Quality, Satisfaction and Repurchase Loyalty, Journal of the Academy of Marketing Science, 30 (3), pp. 153-239.

88. Parasuraman, A., Zeithaml, and Berry, L. (1985), A Conceptual Model of Service Quality and Its Implications for Future Research, Journal of Marketing, Vol. 49, pp. 41-50.

89. Parsons Amy L. (2002), What Determine Buyer-Seller Relationship Quality: An Investigation from the Buyer's Perspective, The Journal of Supply Chain Management: A Global Review of Purchasing and Supply, 38 (2), pp. 4-12.

90. Paul G. Patterson and Tasman Smith (2001), Modeling Relationship Strength Across Service Types in An Eastern Culture, International Journal of Service Industry Management, Vol. 12, No. 2, pp. 90-113.

91. Pete Naudé, Francis Buttle (2000), Assessing Relationship Quali-

ty, Industrial Marketing Management, Vol. 29, pp. 351-361.

92. Petty, Richard E. , John T. Cacioppo and David Schumann (1983), Central and Peripheral Routes to Advertising Effectiveness: The Moderating Role of Involvement, Journal of Consumer Research, 10, pp. 135-146.

93. Rosemary R. Lagace, Robert Dahlstrom and Jule B. Gassenheimer (1991), The Relevance of Ethical Salesperson Behavior on Relationship Quality: The Pharmaceutical Industry, Journal of Personal Selling & Sales Management, Vol. XI, No. 4, Fall, pp. 39-47.

94. Pritchard Mark P. , Mark E. Havitz and Dennis R. Howard (1999), , Analyzing the Commitment-Loyalty Link in Service Context, Journal of the Academy of Marketing Sciences, 27 (2), pp. 333-348.

95. Rajshekhar G. Javalgi and Christopher R. Moberg (1997), Service Loyalty: Implications for Service Providers, The Journal of Service Marketing, Vol. 11, No. 3, pp. 165-179.

96. Ravi S. Behara, Gwen F. Fontenot and Alicia B. Gresham (2002), Customer Process Approach to Building Loyalty, Total Quality Management, Vol. 13, No. 5, pp. 603-611.

97. Robert M. Morgan and Shelby D. Hunt (1994), The Commitment-Trust Theory of Relationship Marketing, Journal of Marketing, Vol. 58, July, pp. 20-38.

98. Robert Dwyer F. , Paul H. Schurr and Sejo Oh (1987), Developing Buyer-Seller Relationships, Journal of Marketing, 51 (2), pp. 11-27.

99. Robicheaux and El-Ansary (1976), A General Model for Understanding Channel Member Behavior, Journal of Retailing, Vol. 52, Issue 4, pp. 313-323.

100. Rust Roland T. and Anthony J. Zahorik (1993), Customer Satisfaction, Customer Retention and Market Share, Journal of Retailing, 69 (2), pp. 193-215.

101. Ruekert, Walker and Roering (1985), The Organization of Mar-

keting Activities: A Contingency Theory of Structure and Perform-
ance, Journal of Marketing, 49, pp. 13-25.

102. Sandy D. Jap, Chris Manolis and Barton A. Weitz (1999), Rela-
tionship Quality and Buyer-Seller Interactions in Channels of Distri-
bution, Journal of Business Research, 46, pp. 303-323.

103. Shemwell Donald J., Ugur Yavas and Zeynep Bilgin (1998), Cus-
tomer-Service Provider Relationships: An Empirical Test of a Mod-
el of Service Quality, Satisfaction and Relationship-Oriented Out-
comes, International Journal of Service Industry Management, 9
(2), pp. 154-168.

104. Svein Ottar Olsen (2002), Comparative Evaluation and the Rela-
tionship Between Quality, Satisfaction and Repurchase Loyalty,
Journal of the Academy of Marketing Science, Vol. 30, No. 3,
pp. 240-249.

105. Thorsten Hennig-Thurau, Kevin P. Gwinner and Dwayne D. Grem-
ler (2002), Understanding Relationship Marketing Outcomes: An
Integration of Relational Benefits and Relationship Quality, Journal
of Service Research, Vol. 4, No. 3, February, pp. 230-247.

106. Thorsten Hennig-Thurau and Alexander Klee (1997), The Impact
of Customer Satisfaction and Relationship Quality on Customer Re-
tention: A Critical Reassessment and Model Development, Psy-
chology & Marketing, Vol. 14 (8), December, pp. 737-764.

107. Thorsten Hennig-Thurau (2000), Relationship Quality and Cus-
tomer Retention Through Strategic Communication of Customer
Skills, Journal of Marketing Management, 16, pp. 55-69.

108. Valarie A. Zeithaml (2000), Service Quality, Profitability and the
Economic Worth of Customer: What We Know and What We Need
to Learn, Journal of the Academy of Marketing Science, Vol. 28,
No. 1, pp. 67-85.

109. Wendy S. Zabava Ford (2001), Customer Expectations for Inter-
actions with Service Providers: Relationship Versus Encounter Ori-

entation and Personalized Service Communication, Journal of Applied Communication Research, Vol. 29, No. 1, February, pp. 1-29.

110. Wetzels Martin, Ko de Ruyer and Marcel van Birgelen (1998), Marketing Service Relationships: The Role of Commitment, Journal of Business and Industrial Marketing, 13 (4/5), pp. 406-423.

111. Wison, D. T. and V. Mummalaneni (1986), Bonding and Commitment in Buyer-Seller Relationships: A Preliminary Conceptualization, Industrial Marketing and Purchasing, Vol. 1, Issue 3, pp. 44-58.

112. Woodside Arch G., Lisa L. Frey and Robert Timothy Daly (1989), Linking Service Quality, Customer Satisfaction and Behavioural Intention, Journal of Health Care Marketing, 9 (4), pp. 4-17.

113. Woo Gon Kim and Youngmi Cha (2002), Antecedents and Consequences of Relationship Quality in Hotel Industry, Hospitality Management, 21, pp. 321-338.

114. 甘碧群主编:《市场营销学》,武汉大学出版社,2004 年。

115. 景奉杰主编:《市场营销调研》,高等教育出版社,2001 年。

116. 袁国华,甘碧群:《关系营销理论的局限性评析》,《经济管理》,2004 年第 12 期。

117. Chrisian Gronroos 著:《服务管理与营销——基于顾客关系的管理策略》(第 2 版),电子工业出版社,2002 年。

118. Thorsten Hennig-Thuran, Ursula Hansen 主编:《关系营销:建立顾客满意和顾客忠诚赢得竞争优势》,广东经济出版社,2003 年。

119. Valarie A. Zeithaml & Mary Jo Bitler 著:《服务营销》,机械工业出版社,2004 年。

120. Christopher H. Lovelock 著:《服务营销》(第三版),中国人民大学出版社,2001 年。

121. Adrian Payne 著:《服务营销》,北京:中信出版社,1998 年。

122. Philip Kotler 著：《营销管理》，中国人民大学出版社，2001年。

123. Ben M. Enis, Keith K. Cox & Michael P. Mokwa 著：《营销学经典——权威论文集》，东北财经大学出版社，2000年。

124. 迈克尔·迪屈奇 著：《交易成本经济学》，经济科学出版社，1999年。

125. 杨浩主编：《现代企业理论教程》，上海财经大学出版社，2001年。

126. 王桂林，文启湘：《对关系营销几个基础理论问题的思考》，《南方经济》，2003年第8期。

127. 何向军，王立杰：《试论基于经营链的共生联盟与企业持久竞争优势》，《企业经济》，2005年第4期。

128. 庄贵军：《权力、冲突与合作：西方的渠道行为理论》，《北京商学院学报》，2000年第1期。

129. 吴冠之：《渠道网络的竞争与合作》，《经济管理》，2001年第8期。

130. 范秀成，罗海成：《基于顾客感知价值的服务企业竞争力探析》，《南开管理评论》，2003年第6期。

131. 艾尔·巴比著：《社会研究方法》，华夏出版社，2000年。

132. 韩晓芸，汪纯孝著：《服务性企业顾客满意感与忠诚感关系》，清华大学出版社，2003年。

133. 王苏斌等编著：《SPSS统计分析》，机械工业出版社，2003年。

134. 侯杰泰，温忠麟，成子娟著：《结构方程模型及其应用》，教育科学出版社，2004年。

135. 张广玲：《关系结合方式及关系品质对顾客自发行为的影响》，《经济管理》，2005年第6期。

附录 1

中间商购买行为调查问卷

问卷编号：_____　　　　日期：____年____月____日

尊敬的女士/先生：

非常感谢您对我们工作的支持。我们是武汉大学商学院的教师，正在研究中间商购买行为问题，希望借此了解企业的营销方式对中间商的购买行为有何影响，从而为企业的营销方式提供借鉴，使中间商的采购过程更便利愉快。

请您就您过去商品采购经历中的某一家企业为例（以下简称为"A"企业），填写以下的问卷。在看完每一句的表述后，请在问题后的选项上打"√"选择您的态度。您对以下表述的态度请用 1-7 这些数字来表达，它们分别代表您对每个表述的同意程度，从 1-7，同意程度逐步增加。1 = 非常不同意；2 = 不同意；3 = 基本不同意；4 = 无明显态度；5 = 基本同意；6 = 同意；7 = 非常同意。

您所填写的所有资料，仅供整体分析，是纯学术性的研究，决不对外公开，请您安心填写。问卷没有标准答案，请您就目前的状况勾选一项您认为最适合的描述。在此衷心感谢您的热情参与。

请问您从 A 公司采购的商品是_____（填写商品名称）

第一部分：关系结合方式

一、财务性结合方式	非常不同意　　　非常同意
1. 经常交易容易得到价格上的优惠	1　2　3　4　5　6　7
2. 如果一次交易金额较大，A 公司提供较优惠的价格折扣或赠品	1　2　3　4　5　6　7
3. 收到过 A 公司的赠品或积点等优惠	1　2　3　4　5　6　7
二、社会性结合方式	非常不同意　　　非常同意
1. A 公司会主动与我们保持沟通并建立友谊	1　2　3　4　5　6　7
2. A 公司会主动关心我们的需求	1　2　3　4　5　6　7
3. A 公司会主动关心我们对产品的销售情况	1　2　3　4　5　6　7
4. 在特定节日会收到 A 公司寄来的卡片或礼物	1　2　3　4　5　6　7
5. 虽然非 A 公司的业务范围，该公司也会协助我们解决问题	1　2　3　4　5　6　7
6. A 公司会为客户举办活动、特别招待会等	1　2　3　4　5　6　7
7. A 公司会主动关心我们对产品的意见	1　2　3　4　5　6　7
8. 我们会收到 A 公司寄来的产品目录	1　2　3　4　5　6　7
三、结构性结合方式	非常不同意　　　非常同意
1. 当客户有任何问题或抱怨时，可随时获得解决	1　2　3　4　5　6　7
2. A 公司主动了解我们的需求，供货根据我们的需求进行调整	1　2　3　4　5　6　7
3. A 公司根据我们的资料与记录来建议适合我们购买的选择	1　2　3　4　5　6　7
4. A 公司与物流业或广告业结合来促进我们产品的销售	1　2　3　4　5　6　7
5. A 公司经常提供与产品相关的知识	1　2　3　4　5　6　7

6. A公司经常提供新产品或服务	1 2 3 4 5 6 7
7. A公司会根据市场情况调整产品价格	1 2 3 4 5 6 7
8. A公司提供多样化的产品查询系统（如网络查询、交易报告及交易信息等）	1 2 3 4 5 6 7
9. 对于我们选购的产品，A公司会派专人送达并讲解使用方法或应注意的事项	1 2 3 4 5 6 7
10. A公司会结合相关的事业伙伴，提供我们完整的相关性服务	1 2 3 4 5 6 7

第二部分：关系品质

一、满意程度	非常不同意　　非常同意
1. 对A公司所提供的产品感到满意	1 2 3 4 5 6 7
2. 与A公司打交道使我们感觉很愉快	1 2 3 4 5 6 7
3. 很高兴选择了A公司作为我们的供应商	1 2 3 4 5 6 7
4. A公司所提供的产品与我心目中的理想公司是很接近的	1 2 3 4 5 6 7
5. A公司是值得交易的好公司	1 2 3 4 5 6 7
6. 我们很满意与A公司的工作关系	1 2 3 4 5 6 7
7. 我们满意A公司的交货期	1 2 3 4 5 6 7
8. 我们满意A公司的整体表现	1 2 3 4 5 6 7
9. 我们满意A公司在沟通方面的做法	1 2 3 4 5 6 7
二、信任部分	非常不同意　　非常同意
1. A公司提供的产品很实在	1 2 3 4 5 6 7
2. A公司给我的感觉是非常可靠的	1 2 3 4 5 6 7
3. 我认为A公司会优先考虑顾客的利益	1 2 3 4 5 6 7
4. 我对A公司非常的信任	1 2 3 4 5 6 7
5. 我认为A公司会遵守其承诺	1 2 3 4 5 6 7

三、承诺部分	非常不同意	非常同意
1. 我们是 A 公司的忠诚顾客	1 2 3 4 5 6 7	
2. 我们会继续在 A 公司购货	1 2 3 4 5 6 7	
3. A 公司值得我们努力去维持双方的关系	1 2 3 4 5 6 7	
4. 即使其他公司提供了更多更佳的选择，我们也不会购买别家公司的产品	1 2 3 4 5 6 7	
5. 我们会长期地在 A 公司购货与接受其他服务	1 2 3 4 5 6 7	
6. 我们关心 A 公司长期的发展与成功	1 2 3 4 5 6 7	
7. 对于 A 公司在未来推出的产品（服务）以及所举办的相关活动，我们愿意去购买或参与	1 2 3 4 5 6 7	
8. 我们遇到不合理的问题，会向该公司外界有关单位反应	1 2 3 4 5 6 7	
9. 我们遇到难解决的问题，会转到其他同类公司	1 2 3 4 5 6 7	

第三部分：自发行为

	非常不同意	非常同意
1. 我们愿意继续与 A 公司交易	1 2 3 4 5 6 7	
2. 我们会考虑交易 A 公司提供的其他产品	1 2 3 4 5 6 7	
3. 我们会向其他公司称赞 A 公司	1 2 3 4 5 6 7	
4. 我们会向其他公司推荐 A 公司的产品	1 2 3 4 5 6 7	
5. 我们会向其他公司宣传 A 公司的优点	1 2 3 4 5 6 7	
6. 我们会把 A 公司当做购买同类产品的第一选择	1 2 3 4 5 6 7	
7. 如果别家公司的产品较优惠，我们会选购其他公司的产品	1 2 3 4 5 6 7	
8. 在未来几年，我们会减少购买 A 公司的产品	1 2 3 4 5 6 7	
9. 即使 A 公司的价格调高一点，也愿意选择这家公司	1 2 3 4 5 6 7	

续表

10. 如果 A 公司的产品较其他公司贵，我们也愿意与之交易	1	2	3	4	5	6	7
11. 遇到难解决的问题，会选择其他公司	1	2	3	4	5	6	7
12. 遇到难解决的问题，会向其他公司抱怨	1	2	3	4	5	6	7
13. 遇到难解决的问题，会向有关单位反映	1	2	3	4	5	6	7
14. 遇到难解决的问题，会向 A 公司反映	1	2	3	4	5	6	7
15. 我们不会为了本公司的便利而为难 A 公司	1	2	3	4	5	6	7
16. 在收到 A 公司发来的货物后，我们会主动回函	1	2	3	4	5	6	7
17. 我们会尽量提供交易便利，以使交易顺利进行	1	2	3	4	5	6	7
18. 我们会事先做好交易准备工作以利交易进行	1	2	3	4	5	6	7
19. 我们会主动让 A 公司了解我们的需求	1	2	3	4	5	6	7
20. 我们会主动告知 A 公司增进效率的办法	1	2	3	4	5	6	7
21. 遇到不满意的情况，我们会主动向 A 公司反映	1	2	3	4	5	6	7
22. 我们会让 A 公司补救交易过程中的疏忽事项	1	2	3	4	5	6	7
23. 虽然不影响我们，但我们知道有损 A 公司的事项，也会主动告知 A 公司	1	2	3	4	5	6	7
24. 我们从其他竞争者得到新的想法，会提供给 A 公司	1	2	3	4	5	6	7
25. 当 A 公司遇到财务困难，我们会助其渡过难关	1	2	3	4	5	6	7
26. 听到有损 A 公司的言论，我们会尽力维护	1	2	3	4	5	6	7
27. 主动给 A 公司介绍新客户	1	2	3	4	5	6	7
28. 我们关心 A 公司的生存和发展	1	2	3	4	5	6	7

第四部分　公司基本资料

1. 贵公司已成立：

　　A. 0～5 年　　　B. 6～10 年　　　C. 11～15 年

　　D. 16～20 年　　E. 21 年以上

2. 贵公司员工总人数为：

A. 50 以下　　　　B. 51 ~ 100　　　　C. 101 ~ 300

D. 301 ~ 500　　　E. 501 ~ 1000　　　F. 1000 以上

3. 贵公司在所处行业中属于：

　A. 特大型公司　　　　　　　B. 大型公司

　C. 中等规模公司　　　　　　D. 中小规模公司

　E. 小型公司

4. 贵公司与 A 公司交往的时间为：

　A. 0.5 年以下　　　　　　　B. 0.5 ~ 1 年

　C. 1 ~ 3 年　　　D. 3 ~ 6 年

　E. 6 ~ 10 年　　　F. 10 年以上

5. 贵公司与 A 公司交往的平均间隔时间为：

　A. 一周以下　　　　　　　　B. 1 周至 0.5 月

　C. 0.5 ~ 1 个月　　　　　　D. 1 ~ 3 个月

　E. 3 ~ 6 个月　　　　　　　F. 6 个月至 1 年

　J. 1 年以上

问卷到此结束，再次感谢您的合作！谢谢！

附录2

中间商购买行为调查问卷

问卷编号：_____　　　　日期：_____年_____月_____日

尊敬的女士/先生：

非常感谢您对我们工作的支持。我们是武汉大学商学院的教师，正在研究中间商购买行为问题，希望借此了解企业的营销方式对中间商的购买行为有何影响，从而为企业的营销方式提供借鉴，使中间商的采购过程更便利愉快。

请您就您过去商品采购经历中的某一家企业为例（以下简称为"A"企业），填写以下的问卷。在看完每一句的表述后，请在问题后的选项上打"√"选择您的态度。您对以下表述的态度请用1-7这些数字来表达，它们分别代表您对每个表述的同意程度，从1-7，同意程度逐步增加。1＝非常不同意；2＝不同意；3＝基本不同意；4＝无明显态度；5＝基本同意；6＝同意；7＝非常同意。

您所填写的所有资料，仅供整体分析，是纯学术性的研究，决不对外公开，请您安心填写。问卷没有标准答案，请您就目前的状况勾选一项您认为最适合的描述。在此衷心感谢您的热情参与。

请问您从 A 公司采购的商品是_____（填写商品名称）

第一部分：关系结合方式

一、财务性结合方式	非常不同意　　　非常同意
1. 经常交易容易得到价格上的优惠	1　2　3　4　5　6　7
2. 如果一次交易金额较大，A 公司提供较优惠的价格折扣或赠品	1　2　3　4　5　6　7
3. 收到过 A 公司的赠品或积点等优惠	1　2　3　4　5　6　7
二、社会性结合方式	非常不同意　　　非常同意
1. A 公司会主动与我们保持沟通并建立友谊	1　2　3　4　5　6　7
2. A 公司会主动关心我们的需求	1　2　3　4　5　6　7
3. A 公司会主动关心我们对产品的销售情况	1　2　3　4　5　6　7
4. 在特定节日会收到 A 公司寄来的卡片或礼物	1　2　3　4　5　6　7
5. 虽然非 A 公司的业务范围，该公司也会协助我们解决问题	1　2　3　4　5　6　7
6. A 公司会为客户举办活动、特别招待会等	1　2　3　4　5　6　7
7. A 公司会主动关心我们对产品的意见	1　2　3　4　5　6　7
三、结构性结合方式	非常不同意　　　非常同意
1. 当客户有任何问题或抱怨时，可随时获得解决	1　2　3　4　5　6　7
2. A 公司根据我们的资料与记录来建议适合我公司购买的选择	1　2　3　4　5　6　7
3. A 公司经常提供与产品相关的知识	1　2　3　4　5　6　7
4. A 公司提供多样化的产品查询系统（如网络查询、交易报告及交易信息等）	1　2　3　4　5　6　7
5. 对于我们选购的产品，A 公司会派专人送达并讲解使用方法或应注意的事项	1　2　3　4　5　6　7
6. A 公司会结合相关的事业伙伴，提供我们完整的相关性服务	1　2　3　4　5　6　7

第二部分：关系品质

一、满意程度	非常不同意 非常同意
1. 对 A 公司所提供的产品感到满意	1 2 3 4 5 6 7
2. 与 A 公司打交道使我们感觉很愉快	1 2 3 4 5 6 7
3. 很高兴选择了 A 公司作为我们的供应商	1 2 3 4 5 6 7
4. A 公司所提供的产品与我心目中的理想公司是很接近的	1 2 3 4 5 6 7
5. A 公司是值得交易的好公司	1 2 3 4 5 6 7
6. 我们很满意与 A 公司的工作关系	1 2 3 4 5 6 7
7. 我们满意 A 公司的交货期	1 2 3 4 5 6 7
8. 我们满意 A 公司的整体表现	1 2 3 4 5 6 7
9. 我们满意 A 公司在沟通方面的做法	1 2 3 4 5 6 7
二、信任部分	非常不同意 非常同意
1. A 公司提供的产品很实在	1 2 3 4 5 6 7
2. A 公司给我的感觉是非常可靠的	1 2 3 4 5 6 7
3. 我认为 A 公司会优先考虑顾客的利益	1 2 3 4 5 6 7
4. 我对 A 公司非常信任	1 2 3 4 5 6 7
5. 我认为 A 公司会遵守其承诺	1 2 3 4 5 6 7
三、承诺部分	非常不同意 非常同意
1. 我们是 A 公司的忠诚顾客	1 2 3 4 5 6 7
2. 我们会继续在 A 公司购货	1 2 3 4 5 6 7
3. A 公司值得我们努力去维持双方的关系	1 2 3 4 5 6 7
4. 即使其他公司提供了更多更佳的选择，我们也不会购买别家公司的产品	1 2 3 4 5 6 7
5. 我们会长期地在 A 公司购货与接受其他服务	1 2 3 4 5 6 7
6. 我关心 A 公司长期的发展与成功	1 2 3 4 5 6 7
7. 对于 A 公司在未来推出的产品（服务）以及所举办的相关活动，我们愿意去购买或参与	1 2 3 4 5 6 7

第三部分：自发行为

	非常不同意 非常同意
1. 我们愿意继续与 A 公司交易	1 2 3 4 5 6 7
2. 我们会考虑交易 A 公司提供的其它产品	1 2 3 4 5 6 7
3. 我们会向其他公司称赞 A 公司	1 2 3 4 5 6 7
4. 我们会向其他公司推荐 A 公司的产品	1 2 3 4 5 6 7
5. 我们会向其他公司宣传 A 公司的优点	1 2 3 4 5 6 7
6. 我们会把 A 公司当做购买同类产品的第一选择	1 2 3 4 5 6 7
7. 在收到 A 公司发来的货物后，我们会主动回函	1 2 3 4 5 6 7
8. 我们会尽量提供交易便利，以使交易顺利进行	1 2 3 4 5 6 7
9. 我们会事先做好交易准备工作以利交易进行	1 2 3 4 5 6 7
10. 我们会主动让 A 公司了解我们的需求	1 2 3 4 5 6 7
11. 我们会主动告知 A 公司增进效率的办法	1 2 3 4 5 6 7
12. 遇到不满意的情况，我们会主动向 A 公司反映	1 2 3 4 5 6 7
13. 我们会让 A 公司补救交易过程中的疏忽事项	1 2 3 4 5 6 7
14. 虽然不影响我们，但我们知道有损 A 公司的事项，也会主动告知 A 公司	1 2 3 4 5 6 7
15. 我们从其他竞争者得到新的想法，会提供给 A 公司	1 2 3 4 5 6 7
16. 当 A 公司遇到财务困难，我们会助其渡过难关	1 2 3 4 5 6 7
17. 听到有损 A 公司的言论，我们会尽力维护	1 2 3 4 5 6 7
18. 我们主动给 A 公司介绍新客户	1 2 3 4 5 6 7
19. 我们关心 A 公司的生存和发展	1 2 3 4 5 6 7

第四部分　公司基本资料

1. 贵公司已成立：

    A. 0 ~ 5 年   B. 6 ~ 10 年   C. 11 ~ 15 年

    D. 16 ~ 20 年   E. 21 年以上

2. 贵公司员工总人数为：

    A. 50 以下　　　　B. 51～100　　　　C. 101～300

    D. 301～500　　　E. 501～1000　　F. 1000 以上

3. 贵公司在所处行业中属于：

    A. 特大型公司　　　　　　　　B. 大型公司

    C. 中等规模公司　　　　　　　D. 中小规模公司

    E. 小型公司

4. 贵公司与 A 公司交往的时间为：

    A. 0.5 年以下　　B. 0.5～1 年　　C. 1～3 年

    D. 3～6 年　　　E. 6～10 年　　　F. 10 年以上

5. 贵公司与 A 公司交往的平均间隔时间为：

    A. 一周以下　　　　　　　　　B. 1 周至 0.5 月

    C. 0.5～1 个月　　　　　　　 D. 1～3 个月

    E. 3～6 个月　　　　　　　　 F. 6 个月至 1 年

    J. 1 年以上

问卷到此结束，再次感谢您的合作！谢谢！

武汉大学学术丛书 | 书目

中日战争史（１９３１～１９４５）（修订版）
中苏外交关系研究（１９３１～１９４５）
汗简注释
国民军史
中国俸禄制度史
斯坦因所获吐鲁番文书研究
敦煌吐鲁番文书初探（二编）
十五十六世纪东西方历史初学集（续编）
清代军费研究
魏晋南北朝隋唐史三论
湖北考古发现与研究
德国资本主义发展史
法国文明史
李鸿章思想体系研究
唐长孺社会文化史论丛
殷墟文化研究
战时美国大战略与中国抗日战场（1941～1945年）
古代荆楚地理新探·续集
汉水中下游河道变迁与堤防
吐鲁番文书总目（日本收藏卷）
用典研究
《四库全书总目》编纂考

随机分析学基础
流形的拓扑学
环论
近代鞅论
鞅与ｂａｎａｃｈ空间几何学
现代偏微分方程引论
算子函数论
随机分形引论
随机过程论
平面弹性复变方法（第二版）
光纤孤子理论基础
Ｂａｎａｃｈ空间结构理论
电磁波传播原理
计算固体物理学
电磁理论中的并矢格林函数
穆斯堡尔效应与晶格动力学
植物进化生物学
广义遗传学的探索
水稻雄性不育生物学
植物逆境细胞及生理学
输卵管生殖生理与临床
Ａｇｅｎｔ和多Ａｇｅｎｔ系统的设计与应用
因特网信息资源深层开发与利用研究
并行计算机程序设计导论
并行分布计算中的调度算法理论与设计
水文非线性系统理论与方法
拱坝CADC的理论与实践
河流水沙灾害及其防治
地球重力场逼近理论与中国2000似大地水准面的确定
碾压混凝土材料、结构与性能
喷射技术理论及应用
Dirichlet级数与随机Dirichlet级数的值分布
地下水的体视化研究
病毒分子生态学
解析函数边值问题（第二版）
工业测量
日本血吸虫超微结构
能动构造及其时间标度
基于内容的视频编码与传输控制技术

文言小说高峰的回归
文坛是非辩
评康殷文字学
中国戏曲文化概论（修订版）
法国小说论
宋代女性文学
《古尊宿语要》代词助词研究
社会主义文艺学
文言小说审美发展史
海外汉学研究
《文心雕龙》义疏
选择·接受·转化
中国早期文化意识的嬗变（第一卷）
中国早期文化意识的嬗变（第二卷）
中国文学流派意识的发生和发展
汉语语义结构研究
明清词研究史

中国印刷术的起源
现代情报学理论
信息经济学
中国古籍编撰史
大众媒介的政治社会化功能
现代信息管理机制研究
科学信息交流研究
比较出版学